夢づくり、家づくり

杉山定久

Sugiyama Sadahisa

文芸社

はじめに

私たちは今、とても豊かな時代に生きています。飢えることもなければ、寒さに凍えることもありません。スーパーマーケットには物が溢れ、欲しい物はお金を出せば何でも買うことができます。外食しようと思えば、中華料理にフランス料理、イタリア料理、ロシア料理等々、世界中の料理をほとんど何でも口にすることができます。

テレビのチャンネルにしても同様です。地上波、ＢＳ放送、ＣＳ放送、ケーブルテレビ、さらに最近放送が開始されたＢＳデジタル放送など、こちらも、一体どれを見たらいいのか悩んでしまうほど、様々なチャンネルに多様な番組が放映されています。

このようにモノや情報が豊富に巷に溢れる時代に、一番大切なのは、あなたが一体何を選べばいいかを決める目を持つことです。しかし、わかっていても実はこれがとても難しいのです。

家を建てることでも、決して例外ではありません。この本を手にされたみなさんは、おそらく近い将来に自分の家を建てたいと希望している方が多いことと思います。だからこそ、それについての情報を集めるためにこの本を購入されたのでしょう。しかし家に関する本は、もちろんこの本だけではありません。書店には本当に多種多様な住宅関係の本を始めとして、雑誌、ムック、写真集、カタログなどがズラリと並んでいます。

住宅メーカーにも、ピンからキリまであります。住宅展示場に一度足を運べば、各メーカーはしつこいくらいに電話をかけてきたり、パンフレットを郵送してきたりと営業合戦が始まります。

その他にも、家を一軒建てるにはもちろん土地が必要です。さらに工法はどうするのか、照明は、キッチンは、資金繰りは、家具は、引っ越しは…と、本当に決めることが山ほどあります。ですが、その一つ一つをあなたが決めなければいけないのです。家を建てるという事業は、決断の連続で成り立っていると言っても過言ではないでしょう。

情報が多いということは、選択肢が多いということです。自分の、そして家族の理想に合った選択をし、個性溢れる家を建てるために、この恵まれた情報を活用しない手はありません。

ところが、私はこれまでに多くの方々と接してみて、最近、とても気になっていることがあります。というのは、せっかくのこの情報が溢れた環境を活かしきれない、つまり、選択の決断を下せない人が実に多いのです。どうして、こんなに大事なことなのに決められないのでしょうか。それなら、一体どうすれば、そうした人も自分で決められるようになるのでしょうか。

この本は、自分の家を建てるに当たり、決断できずに悩んでいる方々のために、「自分で考え、自分で決めることができるヒント」になればという願いを込めて書きました。この本を手に取られた方に、ご活用いただければ幸いです。

目　次

第四章　「家は四角形」という常識を捨ててみると

第五章　海外で見つけた日本向きの家

第六章　安心して家づくりができる時代に向けて

第一章　夢がなければ、家づくりは始められない

夢と手段をはき違えていませんか

さて、どんな家を建てるか自分で決めるといっても、そのためにはまず決めるための基準が必要になります。先ほどの外食の例で言えば、「いま、自分はダイエットをしているから油っぽくない和食を食べよう」とか、テレビのチャンネルの例で言えば、「ドラマも好きだけど、今日は選挙速報を見る方が大事だからドラマは諦める」というように、選択したり優先順位を付けるための理由が必要になります。

では、家を建てるために必要な理由というのは、一体どのようなものなのでしょうか。一言で言えば、それは「夢」だと思うのです。

「日本の大学生は、遊んでばかりで全然勉強しない」

と、よく言われます。それは大学に入るということが夢であり、目的になってしまっているからです。

本当は、大学に入ってから何をするのか、どういう人生を歩みたいのかが「夢」で、大学はそのための「手段」にすぎないのに、その「手段」を「夢」と混同してしまっているのです。入ったあと何をしていいのかわからないのは、当然の成り行きといえるでしょう。実は、家づくりにも、これと全く同様のことが当てはまるのです。

「将来の夢はマイホームを持つこと」

「自分の家を持って、一国一城の主になりたい」

こうしたことを人生の夢と語る人は、少なくありません。確かに昨今のわが国の景気を考えれば、年収の十倍もするような高い買い物は、それ自体が夢となってしまうのもうなずけます。しかし、本当にそれでいいのでしょうか。先ほどの大学生の例と同じで、家を建てること自体が「夢」になってしまっては、その後の人生をどう考えるのかだけでなく、

家を見ると、オーナーの人生観がわかる

自分がどんな家を建てたいのかすら明確に判断できなくなることでしょう。

私がここでいう「夢」とは、家を建てたあと、その家でどんな人生をそれから先に送りたいのかという「具体的なビジョン」のことにほかなりません。

子どもができたらどういう教育をしたいのか、そのためにはどういう子ども部屋をつくるのか、自分の仕事はどうなるのか、親の面倒はどうするのか、子どもが独立したら夫婦でどういう風にすごしていくのか…。そういった具体的で長いスパンで見た人生設計＝夢をまず描けなければ、どんな家を建てたらいいのかということはなかなか決められなくなってしまうでしょう。

家とは、あなたの人生そのものの「夢」を実現する本拠地なのです。そう考えると、「家づくり」というのは、とりもなおさず「夢づくり」だということがおわかりになるのではないでしょうか。

「そんなことは言われなくてもわかっているよ」

と思われる方もいるでしょうが、もう一度じっくり考えてみませんか。

「あなたは本当にこれからの先の人生を考えて、家づくりをプランしているでしょうか」

と。

子どもの教育にポリシーを持て

わが国の少年少女たちは、いま悩んでいます。彼らの凶悪犯罪や不登校児の増加が、その一つのシグナルだと思いますが、しかし、昔から「子は親の鏡」というではありませんか。最近の少年たちの状況は、すなわち最近の大人たちの状況そのもののように思えてなりません。

右肩上がりの経済成長の時代は終わり、これからは個人個人の成熟の時代になります。しかし戦後の日本の成長を支えてきた過去の価値観を持つ人たちの多くは、これからどう生きていけばいいのか、その目標すら見つけられずにいます。

しかも長引く不況のもと、リストラの嵐が吹きまくり、年功序列・終身雇用といった日本型の雇用体制も崩壊。いま本当に危機なのは、実は子どもたちではなく、大人なのではないかと私は考えています。

こうした大人たちの不安、不満は、子どもたちに伝染します。毎日このような大人を見て育つ子どもたちは、大人たちが通ってきた道、すなわちいい学校に行き、いい会社に入るといったそんな道を歩んでも、この先決していいことは待ってはいないと考えるようになるのが自然ではないでしょうか。子どもの問題は、まず大人が夢を持ち、幸せに生きていれば、自然と解決に向かうことになるでしょう。

前置きが長くなりましたが、家を建てる際に、自分の人生のビジョンが明確に現れるのが子どもの部屋をどうするかということだと思います。自分の子どもをどう育てたいのか、どう教育すればいいのか、そのためにはどういう部屋を、どういうタイミングで与えればいいのか。そうした問題は、もちろん個人の問題ですから、ここでは「ああしろ」「こうしろ」と口を挟むつもりはありません。どんなに理想を追い求めても、実現できないことだってあるのです。

ただ、私は、結果的にどういう部屋を与えるにしても、そのことにきちんと親がポリシーを持たなければ、それは子どもにわかってしまうということを言いたいのです。果たしてあなたは、

「私はこうこうこう考えたから、おまえにこういう部屋を与えているんだ」

と、子どもにきちんと説明できるでしょうか。

どうも私がいままで見てきたお客様のなかにはそういう意識を全く持たないままに家を

建て、特に教育上のポリシーもなく子ども部屋を与えている方が、残念ながらとても多いように思えてならないのです。では、実際に子ども部屋をどう考えて、家づくりをすればいいのでしょうか。それはまた第三章で詳しく述べたいと思います。

親の介護をどうするか

人生のビジョンを考える場合、大事なことは子どものことだけではありません。子どもが独立していった後、自分たちがどう生きるのか。そして年老いた自分たちの親をどうするのか。むしろ子どものことよりも、こちらの方が重要かもしれません。なぜなら超高齢

老親は一階の方が暮らしやすい

社会といわれるわが国においては、子どもの教育に費やす時間よりも、親の介護のことを考えて生きる時間の方がはるかに長くなる可能性が高いからです。

さて、私がここでみなさんに考えていただきたいのは、家を建てる際に、いかに頭を柔軟にして自由に発想しているかどうかということ。妙な固定観念や世間体、常識といったことにとらわれて、せっかくの自分の城をつくり上げるチャンスをつまらないものにしていないかということです。

固定観念とは例えばどういうことかというと、

「日本人なんだから、家の中に和室が必ず一つはなければいけない」

とか、

「介護といえば、必ずバリアフリーにすることが必要だ」

といった類のことを考えてはいないか、ということです。

年をとった親が同居するから、和室を一つつくって、それを親の部屋にする。一見、常識的な考えには違いありません。しかし、そこで

「本当に親のために和室がいいのか」

ということを真剣に考えてみたことがあるでしょうか。もちろん本人が望んでいるのか

どうかは重要です。しかしそれだけでなく、実際に住むことを想定して、本当に和室が合理的かどうか、考えてみてはいかがでしょうか。

和室では、洋室と違い、毎日布団を上げ下げしなければいけません。この重労働を誰がやるのでしょうか。また、和室に敷く布団が段差となって、それにつまずく高齢者が後を絶たないのも事実なのです。

もし介護をしなければならなくなった場合、床と同じ高さで横になっているよりも、ベッドの方が介護する側からすればやりやすいのは言うまでもありません。バリアフリーで、高齢者がつまずかないように段差をなくすのは当然です。

親のために和室を一つつくるにも、少し真剣に考えてみると、果たしてそれがあなたの家族の生活に合っているのかどうか、単純には決められないはずです。きちんと考えているつもりでも、知らず知らずのうちに、私たちは、固定観念にとらわれて考えていることが多いのではないでしょうか。

極端に言えば、「家は四角いもの」という、至極当然のことですらもう一度考え直してみる必要があると思います。実は当社では実際に四角い家を固定観念ととらえ、それを打破する『八角形住宅』というものを開発しました。詳しくは、第四章で述べますが、このように、家を建てる場合、それはあなた自身の問題ですので、固定観念や常識から、まずあなた自身を解き放って、自由な発想で楽しんでみることを是非ご提案したいと思います。例えば、あなた自身の自由な発想に基づくユニークな二世帯住宅、家族の趣味にあった間取り…。そういう「あなたらしい」家をつくって初めて、本当にあなたの夢を実現できる「お城」が完成するのだと私は思います。

家づくりも健康あってこそ

健康にいい家を建てよう！　そういうコンセプトが当たり前に叫ばれるようになったのはいつの頃からでしょうか。

家を新築したのはいいが、いざ住み始めてみると、家族が目の痛みや頭痛、吐き気などを訴え、健康を害してせっかくの新居に住むことができなくなる。こんなシックハウス症候群が社会問題になったのは、まだ最近のことでしょう。こうなってしまっては、新居も夢を実現するどころか、一体何のために家を建てたのかわからなくなってしまいます。

合板や壁紙の接着剤に使われるホルムアルデヒド、その他建材に含まれるトルエン、キシレンなどの揮発性の有機化合物、断熱材中のアスベスト等々、家の中には、私たちの健康を害する有害物質が数多く存在します。

あなたの夢を実現する家を建てるには、まず家族が健康に暮らせる家づくりを目指すことが一番に優先されるべきです。

ところが、「健康にいい家」と一口に言っても、それはさまざまな意味が含まれています。単に、ホルムアルデヒドなどの有害物質を使わないというだけではなく、家の素材や工法などの問題も大きくかかわってくるのです。

例えば、マンションの壁紙の内側に湿気がたまり、それが大量のカビを発生させ、住んでいる人の健康を害するというトラブルが多発し、世を騒がせたのは記憶に新しいところです。

この問題の解決方法の一つに、断熱材をマンションの軀体の外側に張る（外断熱）工法があります。ただし、外側に張る仕上げ材に適切なものが少なく、コスト高です。

また、床や建具を塗装するペイント類には、多量の有機溶剤が含まれます。最近の家は、昔の家に比べて高気密にできていますから、入居前後には意識的に窓を開けて換気をよくしないと、ペンキなどに含まれる有機溶剤による中毒になりかねません。

逆に排気ガスなどが多い大通りに面した家などでは、今度は窓を開けることで、かえって室内の空気を悪くしてしまうことも考えられます。そうした家では、高気密にして、室内に健康的な建材を用い、家の中の空気を人工的にコントロールする必要が出てくるでしょう。

このような考え方は、当社で扱っている『フィンランド住宅』の考え方ですが、その詳細は、第五章に譲るとして、要するに、自分の住む周辺の環境、建材、工法、日当たり、家族の身体など、健康に作用するすべてを考慮して計画する必要があるのです。そうしないと、「健康にいい家」の実現は困難です。

ＩＴ革命で書斎復活か

現代はまさにＩＴ時代。ＩＴとは、インフォメーション・テクノロジーのことで、日本語では情報技術と訳されています。いわゆるインターネットやパソコン、携帯電話に代表されるような、情報通信やネットワーク技術を意味します。

政府も、日本はＩＴ先進国として世界をリードしていこうという気持ちだけはあるようですが、今の政府を冷静に見るにつけ、あまり期待が持てないと思うのは私だけではないでしょう。それはともかく、このＩＴが生活に入り込むことで、私たちの日常生活がこれから大きく変わっていくことは明らかです。

　ここ二、三年のパソコンとインターネットの家庭への普及率の伸びは、目を見張るものがあります。しかも男性も女性も、主婦も子どもも、高齢者も若者もインターネットを使う時代になってきました。家庭でも遠からぬうちに、必ず一人一台のパソコン時代がくるでしょう。メールをひんぱんにやりとりし、音楽をダウンロードし、買い物をインターネットで済ませ、夕食のレシピまでインターネットから入手する生活が珍しいことではなく

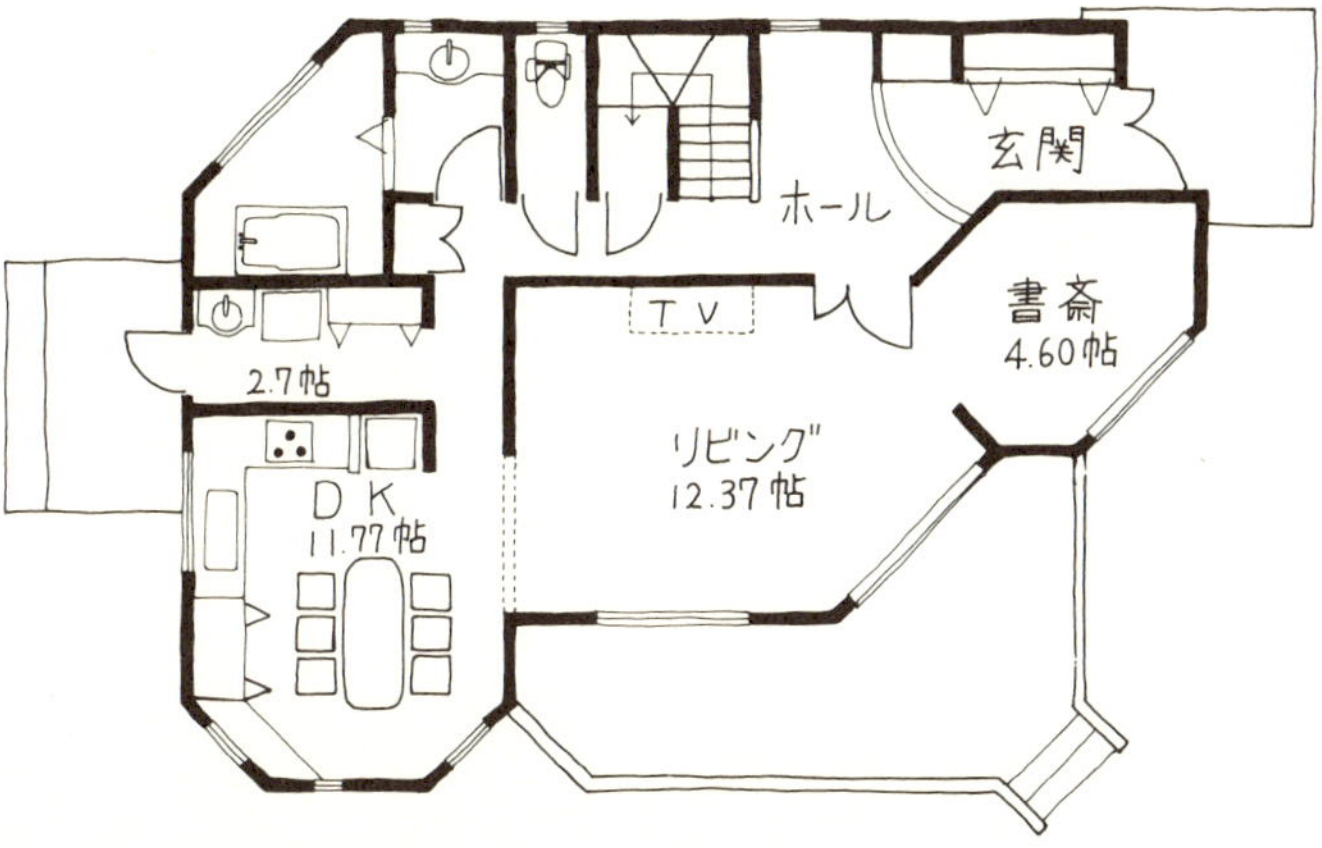

なるでしょう。

仕事のやり方も、今よりも在宅勤務が増えるでしょう。いわゆるＳＯＨＯという、自宅を職場として働くスタイルも、より身近になるはずです。年賀状をパソコンでつくり、写真もデジタルカメラで撮って、パソコンをアルバム代わりにするなどＩＴは家庭にどんどん入ってきています。子どもの学習にも、パソコンは不可欠な道具になってくるのではないでしょうか。

そうなってくると当たり前のことですが、家の中に確実にパソコンの置き場所が必要になってきます。ひょっとしたら、各家庭に一部屋、パソコンルームが必要になるかも知れません。あるいは子ども部屋やキッチン、リビングなどにパソコンコーナーが出現することも考えられるはず。いずれにせよ、このようにＩＴにより多くの人のライフスタイルが変化することで、家のつくりもそれに対応せざるを得なくなっています。

男性が家を新築する際に、一番欲しい部屋は「書斎」なのだそうです。でも実際に書斎をつくって住んでみると、あれだけ書斎を欲しがっていたのに、結局書斎で何もする事がなく、最後はただのガラクタ置き場になってしまったとのこと。だから、夫の夢だった書斎はいざ住宅の設計プランが煮詰まってくると、真っ先に削られる運命にある部屋なのだそうです。

しかし、今述べてきたように、パソコンとインターネットが家庭内に入り込んできたことで、書斎がパソコンルームとして、そして、それが家族団らんの部屋として復活する可能性も出てきたというわけです。

これだけ情報通信が家庭に入ってくると、電気の配線やコンセントの配置の仕方、アンテナ線の引き方やテレビの置き方なども、これまでとは違った考え方が必要になってくるでしょう。しかも、IT＝パソコンではありません。家のセキュリティをはじめ、外からの遠隔操作による家事など様々なことができるようになるかも知れないのです。

家をつくる人が一番気になるのは、

「自分の家が古くなって、時代についていけなくなるかも知れないということだ」

という話を聞いた経験があります。まして進歩と変化の早い二十一世紀です。これから家を建てるあなたは、時代のちょっと先を見据えて、遅れをとらない家づくりが必要です。

結局は長いスパンで決める

さて、いろいろ書いてきましたが、これから家を建てるあなたに私が一番言いたいことは、まず、

「家づくりは、あなたが主役だ」ということ。

決断すべき様々な要素がありますが、すべて自分で考え自分で決めなければいけません。家はメーカーがつくるのでも、建築士がつくるのでもありません。あなた自身がつくらなければいけないのです。

そして次に、

「決めるための判断基準は、あなたの夢にある」ということ。

世間体や常識、固定観念で家づくりを決めてはいけません。自分の、そして家族の夢や将来のために何が一番大事なのか。それをとことん追求して決めることが大切です。その結果、仮に世間の感覚からはずれた家だったとしても、そこにあなたのポリシーがあれば、後悔することはないと私は信じています。

最後に、家はとても長く付き合うことになる高価な買い物です。だから建てるときは、「長いスパンで考えて決める」という原則を持つのが必要です。自分や家族の将来設計をし、そのライフステージに合わせて変化に対応できる、すなわち長く使える家づくりを考えるべきではないでしょうか。

子どもができたら、子ども部屋をつくる。やがて子どもが独立したら、夫婦で使える広い部屋に改造する。親と同居ということになれば、玄関を増やして二世帯住宅にする…。そんな家族構成の変化を想定して、家というものを考えることが必要なのです。

多くの人にとって、家づくりという事業は一生に一度しか経験できないものでしょう。ということは、家づくりでは誰もが初心者なのです。ですから家の構造にしても、お金の問題にしても、各種手続きにしても、ついついわからないので、主導権を他の人に握られてしまいがちです。その結果、家に対して抱いていた願望を、できあがった家に合わせていかなければならなくなります。

しかし、それでは逆のはず。あくまでもあなたの願望に合わせて家をつくり上げていく、という点にこだわってみてください。必ずや、住んでから大きな充足感を得られるはずです。

第二章　ここまで広がった選択肢

なぜ家の形は四角なのか

あなたが主役になって、固定観念にとらわれない自由な発想で家づくりを始めるのはいいのですが、肝心の住宅そのものが、あなたの自由な発想にどこまで応えられるか。これがわからなければ、思い切ったプランを立てるわけにもいきません。そのため、この章では住宅そのものに焦点を絞って、新しい住宅事情をみていきたいと思います。

さて、ちょっと童心に返ってみてほしいのですが、もし何の先入観も固定観念もなく、頭の中を真っ白にして、どんな家に住みたいですかと問われたら、あなたはどのようにイメージするでしょうか。色や形はどうでしょう。子どもに尋ねたら、

「アルプスの少女ハイジのような三角形の屋根の山小屋」とか、

「ディズニーランドにあるようなお城」

などと、きっと大人が考えるよりもはるかにバラエティーに富んだ答えが返ってくるような気がします。

なぜこんなことを書いたかといいますと、大概の大人は、家というと「四角い形」とい

う固定観念ができあがっていて、自由に発想しろといってもなかなか丸や三角や、はたまた五角形などの家は考えられないものだからです。

まっすぐの壁があると、その端は直角に曲がり、またまっすぐの壁があって直角に曲がる…。すなわち四角の箱形が、すべての家の基本にあると考えてしまいがちなのです。

では、どうしてこんなにも多くの家が四角を基本にしているのでしょうか。おそらく、この問いに明確に答えられる人はいないのではないかと思います。

遠く歴史をさかのぼってみると、我々の祖先が最初に建てた家は竪穴式住居といわれています。これは、地面に穴を掘り、真ん中に

柱を立てて、ちょうどテントのように屋根を葺いた家でした。面白いことに、この竪穴式住居には、正方形のものや長方形、そして円形のものなど様々な形の住居があったようです。

ところがいつの頃からか、家は四角になっていきました。それは、ノコギリや斧のような道具が発明された結果、木材を用いて家がつくられるようになるのとほぼ時を同じくします。

おそらく、ノコギリで木材を切り刻み、それを組み合わせて家をつくり上げるのに、直角に組むのが一番つくりやすかったのでしょう。いまでこそ精密なプレカットの機械を使えば、自由自在な角度で木材をカットできますが、当時はそんなわけにもいきません。そこで必然的に、家の形が四角くなっていったのではないでしょうか。

世界に目を向けてみましょう。例えばギリシアの遺跡を思い浮かべていただくとわかりますが、四角い石組みの建物がほとんどです。これもやはり素材は石やレンガなので、それを切り出し、積み重ねて建物をつくるには四角い方が圧倒的につくりやすかったのだと思われます。

家の形が四角いというのは、実は「単に素材の加工や施工がしやすかったから」という単純な理由でしかないようです。しかし例外もあります。例えば、イヌイットがつくる氷の家『イグルー』です。

これは、氷を四角いブロックに切り出しますが、それを積み重ねて、ドーム型の家にします。なぜわざわざ四角いブロックを積み重ねてドーム型の家をつくるのでしょうか。これには、そうせざるを得なかった理由があるのです。それは、過酷な自然環境にほかなりません。

氷点下何十度という寒さで、風雪に耐える頑丈な家が必要とされたときに、あのドーム型の構造が必然的に選ばれたのです。つまり、ドーム形は、四角い建物より表面性が小さく、熱が逃げにくいのです。しかも、ドーム構造は柱がなくても、ビクともしないほど丈夫な構造です。エスキモーたちは、過酷な自然環境の中で長年の経験と知識を集めて、あの形の家をつくるに至ったのでした。このことは、モンゴルの遊牧民族の家『パオ』にも同様に当てはまります。

以上のことから考えると、本来家の形というものは、基本的には素材が何であるか、そしてその加工がどうすればやりやすいかということと、住む場所の環境に応じて、家の形を工夫してきたのではないかということがわかります。

これからは家の形を工夫する時代

それでは、現代の日本に当てはめて考えてみるとどうでしょう。素材も多様で、その加工も機械で正確にできます。それにもかかわらず大半の家は、相変わらず四角のままです。幸いわが国は、北の一部の地方を除き温暖であり、住みやすい風土です。多少の寒暖の差はあっても、過酷な自然環境といった土地はあまりありません。ですから、特に意識しなければ、エスキモーのように家のつくりを工夫するというような発想は生まれなかったのでしょう。そのため、かつて「つくりやすいから」という理由で生まれた四角い家を、誰も特に変えようとは考えなかったのだと思います。

でも、本当にそれでいいのでしょうか。確かにわが国は全般に温暖で住みよい気候の国であります。しかし、非常に人口密度の高い国でもあります。国土の大半は山がちな地形。そのため住宅地の多くは、山を切り開き、谷を埋め、それを小さく区画に分け、そこにたくさんの家が密集しています。平坦な場所に敷地を持つことができるのは、一部の恵まれた人かもしれません。

狭いところに密集すれば、当然、プライバシー保護という問題が出てきます。お隣と窓が接近していて、家の中を覗かれるようなところも少なくないでしょう。日当たりの問題もあります。三方を家屋に囲まれ、ある時間しか日光が当たらないといった悩みは、珍しくありません。

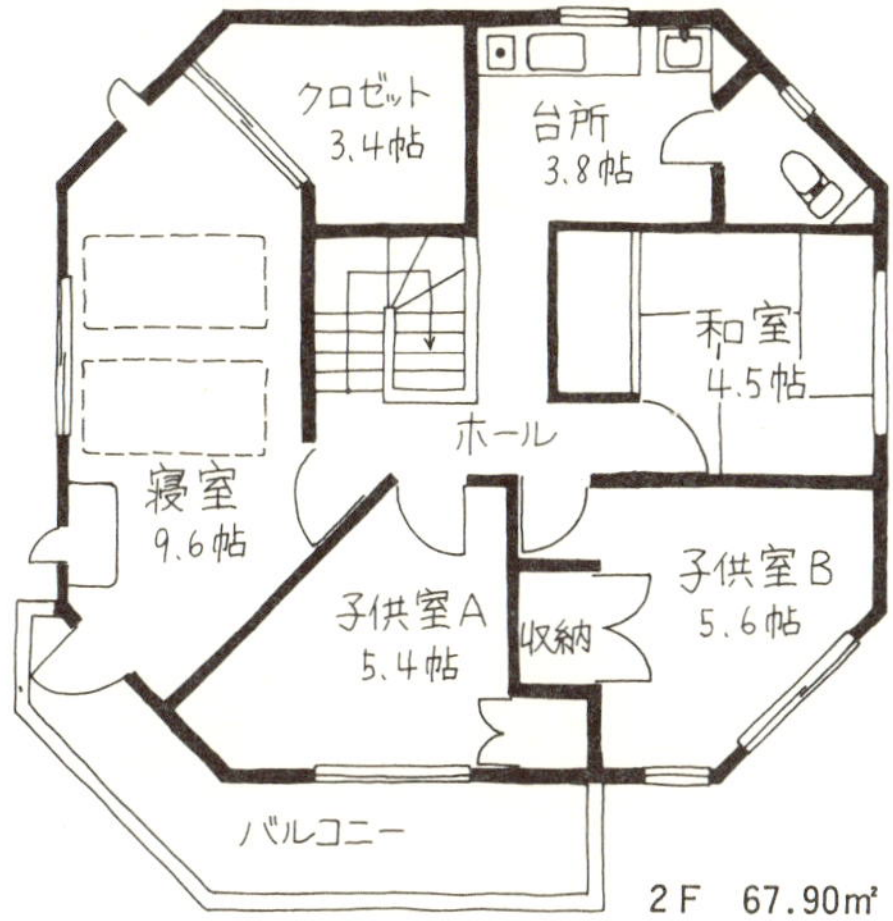

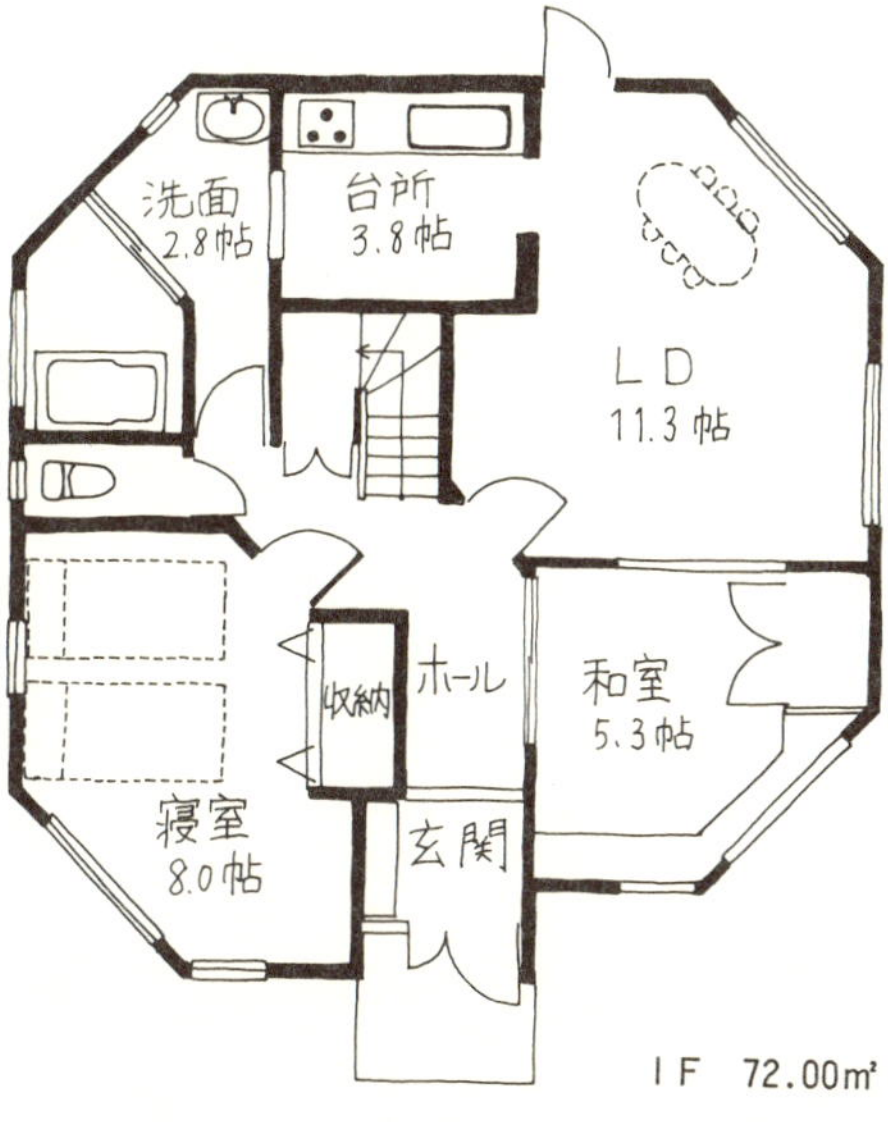

都市部の住環境の問題は、さらに深刻です。家が幹線道路に面しているため、窓を開けると排気ガスが入ってくる。洗濯物も干せない。騒音がひどくて、窓が開けられない。窓が開けられないと、風通しが悪くなり、家がカビやすくなる。それが原因となって家族がアレルギーを引き起こす等々。

こう考えると、一見住み良い環境のはずのわが国も、都市を中心に非常に過酷な住環境にさらされているというのが現実なのではないでしょうか。

そうであれば、いまこそ家の形や構造などを、みんながそれぞれ工夫して暮らしてみるという時代なのではないかと思います。例えば四角というこれまでの固定観念は横に置いておいて、自由な発想で、快適な住環境の実現を目指すことを考えた方がいいのではないでしょうか。

輸入住宅が「常識」をくつがえす

この間の規制緩和により、住宅に限らず、車や食品などその他さまざまなものが外国から輸入されるようになりました。左ハンドルの車が増えることで、駐車場や高速道路の料金所には左ハンドル用の設備も出てきました。

　また外国の食品が入ってきたことで、その国の食器や調理用具なども広まっています。海外の食文化そのものが日常生活に溶け込んで、日本にいながら異文化経験が可能になってきました。こうして外国からの輸入が増えることで、生活がバラエティーに富み、、選択肢が多くなり、人の意識も固定観念からどんどん解放されてきています。

　住宅に関しても同様です。最近では、輸入住宅を見かけることはさほど珍しいことではなくなりました。赤や黄色、水色といった派手な色使いの壁、ベランダの手すりなどには凝ったデザイン。少し前までは、日本の住宅の中でやや違和感のあったこうした輸入住宅の外観も、もうかつてほど突飛な印象を受けなくなりました。要するに、見慣れてきたのです。

　そうやって異質のものが入ってきて、それに人が慣れていけば、これから家を建てる人にとってプラスになるのではないでしょうか。それだけ自由度が高まり、選択肢が増え、周りの人もそれを「おかしい」と感じなくなってくるのですから。本当に日本人の柔軟性というのは素晴らしいものです。

　輸入住宅と一口に言っても、大きく分けると北米系と北欧系の二種類があります。木材をふんだんに使い、派手に飾りつけをする北米系の住宅が、数では圧倒的に多く、見た目も豪華です。生活空間をいかに楽しむかという、いかにもアメリカ人らしいコンセプトの家です。

それに対し、北欧系の家は機能重視です。それはちょうど白木の北欧家具と一緒で、見た目はとてもシンプルですが、実際に住むにはとても合理的にできた住宅であるといえます。

輸入住宅の一つの特徴は、オープンなワンフロアーの感覚です。日本の住宅は、玄関を入るとまず廊下があって、そこからリビングなどに入るというように、玄関と部屋の間に、必ずワンクッションあります。ところが輸入

シンプルで合理的な北欧住宅

住宅では、玄関を入るとそこが直接リビングになっている間取りが珍しくありません。

玄関のドア自体も、日本ではどうしても外の埃や雨を家の中に入れないという感覚があり、そのため玄関のドアは必ず外に開きます。その点外国の玄関のドアは、人を招き入れるという感覚ですので、家の内に向かって開くようになっています。

日本人の性格的なものなのでしょうか、輸入住宅で、日本人が一番気にするのが、細部の建て付けの精度です。日本人は、本当に隅々まで一分のズレもなくきちんと仕上がっていないと納得できない、という人が多いようです。

車でもそうです。アメリカ車は、左右のドアとボディの隙間の幅が多少違っていたりしますが、日本人はまずそういう車は買いません。そこで、日本仕様として、販売店は輸入した車に再度手を加えなければならなくなります。

住宅の場合でも、同じです。日本人にはどうしてもなじまない部分は、日本人向けに開発し直して輸入しているようです。しかしこれから先、海外生活の経験者がもっと増えてきたり、生活自体がより西欧化していけば、もはや日本仕様は必要なくなるときも、案外そう遠くはないのかもしれません。

カラフルな住宅に慣れてきた日本人

輸入住宅を日常的に目にするようになった結果、日本人の意識が最も変化したのは、住宅の色や素材の使い方に関してでしょう。そもそも日本住宅は木の柱や梁、土台でフレームを組み、その間の壁は板を張ったり、土を塗ったりしてつくるというもので、柱も壁もできるだけその素材を生かし、あえてその上に色を塗るというような感覚はありませんでした。当然住宅の色も、木や土や石そのものの色で、非常に地味なものでした。

それに対して輸入住宅は、柱ではなく、壁のパネルを組むことで家をつくり上げていきます。そしてそのパネルに塗装をするわけですから、従来の日本住宅とは違って色はカラフルで、どんな色でも使うことができるわけです。

現在の日本の住宅は、工法も様々ですし、仮に従来のような木造軸組工法でつくっても、壁はサイディングにしたり、モルタルで吹き付けたりと、素材を生かすというより後からペイントするものが増えてきました。ですから技術的には、カラフルな家をつくることはいくらでも可能になってはいるのですが、国民性なのかそれとも地域の調和を考えてなのか、やはり輸入住宅のように目立つ色を自分の家に使う人は、あまり多くないようです。しかし、住宅メーカーなどのカタログを見れば一目瞭然ですが、最近のキッチンにしても、トイレや、お風呂、あるいは内装や外装用のタイルにしても、以前よりはるかに豊富なカラーバリエーションがあり、自分の好きな商品を選べるようになっています。ビビッドな原色や、パステル調の淡い色使いだったり、自然の風合いを大切にしたエコカラーだったり。

こうしたものが登場してきたのは、やはり輸入住宅などの普及の影響でしょう。日本人の見る目や感性が変化した現れだと思います。

素材も、色と同様です。日本人の感性は、少しずつですが変化しているように思えます。大きな流れでいうと、もともとの日本住宅は天然素材をうまく使い、素材の良さを生かすような家づくりをしていました。

しかし工業化が進み、住宅を大量に供給するようになると、むしろ大量生産した工業化製品を部材にし、天然素材はめっきり減少してしまったのです。ところがいま、エコロジー志向の方が増え環境破壊が問題となり、再び工業製品から自然素材に戻ってきたというのが現状だといってよいでしょう。

輸入住宅や最近再び人気を集めているログハウスなどは、ムク材をふんだんに使用するものが多く、落ち着きのある雰囲気を醸し出しています。特に北欧系の輸入住宅では、サッシなどにもムク材を使い、アルミでは出せない味わいがあり好感を持たれています。

そうした影響からか、最近では床をフローリングにする人が非常に増えてきました。しかも健康への配慮から、接着剤を使用するいわゆる集成材ではなく、ムクの床材を使いたいという人が多くなってきています。ところがムク材は国内には少なく、ほとんどは輸入材になってしまいます。かつては、さまざまな輸入規制があったため「輸入は高い」というイメージを生み出しましたが、規制緩和で部材の輸入がしやすくなり、価格的にも現在はむしろ輸入の方が安いという状況になっています。

一方で皮肉なことですが、輸入住宅の普及によって、あらためて従来の日本の住宅が持っていた良さに気付かされる…。こんな現象も起きているのではないかと思います。

住宅に適した工法

家をつくる場合、色や形、素材も大事ですが、どういう方法で家をつくるか、すなわち家の工法を決めることはもっとも根幹にかかわることだといえるでしょう。工法を決めれば、その家の特徴もおおよそ決まってきます。細かな知識は専門家に任せするにしても、自分の家を考えるに当たって基本的なことは押さえておかなければならないと思います。そこで、基本的なことをお話しいたしましょう。

まず、日本のいわゆる伝統的な木造建築は、木造軸組工法でつくられています。この工法については、おそらくどなたでも一度や二度は建設現場を目にされたことがあるとは思いますが、文字通り木材を縦横に組んで家の骨格をつくり、それに外壁材や内壁材を取り付けて家を完成させる方法です。

木造軸組工法の最大の利点は、設計の自由度が高いことにあります。簡単にいえば、木造軸組工法は力学的な強度はすべて軸組と耐力壁によって保たれているので、その間の空いているところにいくつ窓をつくろうと、構造的な強度には影響しません。窓や戸口を広く取りやすいということが言えます。デメリットは、気密性が他工法に比べて劣ります。

ただ現在の木造軸組工法は、欧米住宅の工法や素材の影響もあり、気密性が低いからといってすき間風がピューピュー吹き込むようなことはありません。通気性がいいので、むしろ湿気が抜けやすく、カビなどが発生しにくいので、一面健康的な家であるとも言えるのです。

それに比べると、2×4（ツーバイフォー）のような枠組壁工法の場合は、壁のパネルが強度を支える中心になるので、壁の強度を落とすような大きな窓やドアといった開口部はなかなか取りにくいという弱点があります。もちろん弱点だけではなく、ツーバイフォーには、木造軸組工法とは逆に気密性や耐震性にも優れているというメリットもあるのです。

木造軸組工法はいわば日本の伝統的工法、一方のツーバイフォーは北米の伝統的工法ともいうべきものですが、一概にどちらが優れているとは言えません。ただ比較的自由な設計で、自然な通気を重視する家を建てたければ、軸組の木造軸組工法がベター。気密性の高い家で空調器などを用い、室内の空気をコントロールしたい人は、壁組であるツーバイフォーを選んだ方がいい、ということは言えるでしょう。

ちなみに、ツーバイフォーというのは、パネルを構成する枠材の断面が2インチ×4インチのためこのように呼ばれています。しかし同じ枠組壁工法でも、当社が開発輸入しているフィンランド住宅はより太い2インチ×6インチの枠材を用いているので、ツーバイシックス（2×6）工法と呼ばれています。

枠材が太い分、構造的にも強く、断熱材などもふんだんに入れられるので断熱性や遮音性も高い建物になっています。

木造住宅の工法としては、これらの他に丸太組工法、すなわちログハウスがあります。この丸太組工法は、もともとは正倉院の校倉《あぜくら》造りに見られるように、わが国の伝統的な工法でした。しかし最近は、北米や北欧からの輸入プレカット材を組み立てるログハウスが主流になりました。

ログハウスは、最近の田舎暮らしブームと相まって、自然志向の人たちに人気があります。特にハンドカットの太い丸太が醸し出す山小屋風の雰囲気は、誰の目にも魅力十分に映ることでしょう。しかし、見た目の美しいログハウスも、住まいとしての機能となるといろいろ問題もあります。

例えば丸太を重ねて組むだけなので、木が縮むと家全体も大きく縮むということになり、その調整が常に必要になります。

設計の自由度という点でも、細かな間取りとか、自由に窓を取り付けにくいということは想像できることと思います。

そういった意味では、現在でもそうですが、どうしても別荘などの特殊な用途の建物として使われやすい工法だといえるでしょう。

木造以外の工法では、いわゆる軽量鉄骨造を中心とするプレハブや重量鉄骨造、ＲＣと呼ばれる鉄筋コンクリート構造などがあります。

プレハブは、大量生産しやすい軽量鉄骨を使い、軸組とパネルでつくりあげるため、比較的安く手軽に、しかも事前に決めた予算通りに均質のものを建てられるというメリットがあり、主に住宅メーカーなどが力を入れて売り出している工法です。

最近ではプレハブ住宅も、品質やデザインが良くなり、短い工期で手間をかけずにできることから、個人住宅としても人気があります。しかし、やはり基本的には規格品ですの

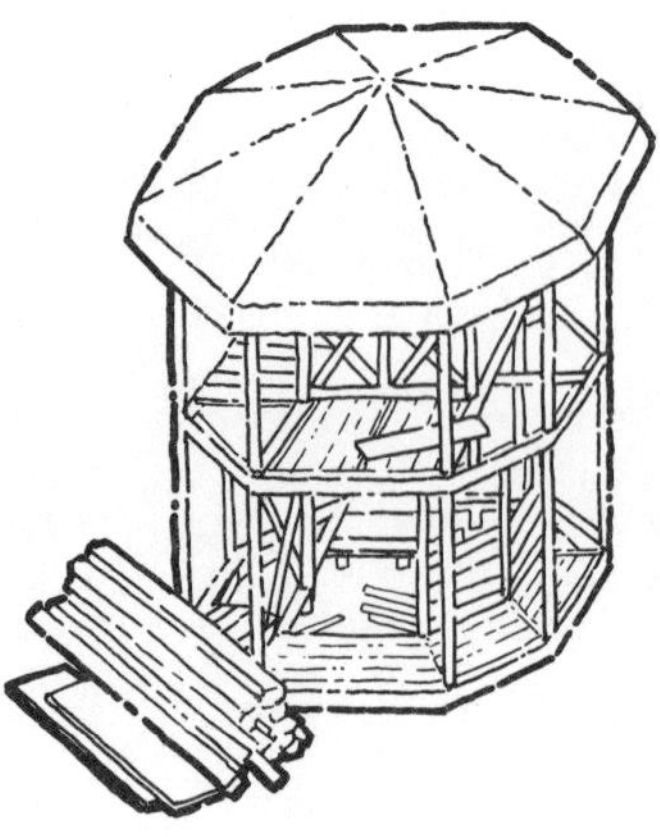

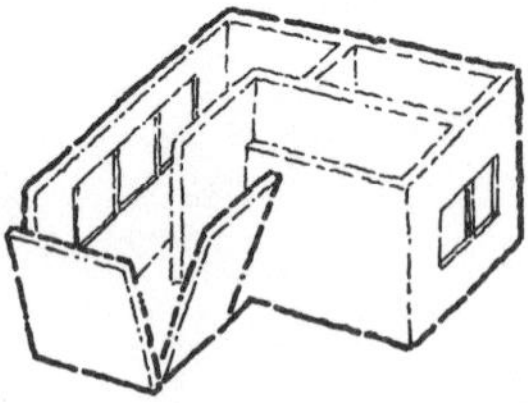

で、設計の自由度はあまりありません。

また重量鉄骨造やRCは、個人住宅よりむしろ大規模な集合住宅やビルの建設によく使われる工法で、これらは個人住宅には使われないこともないのですが、まだまだ少ないと思います。

以上の点から、自分で自由な発想で家を建てたいときに頭に入れておくべき工法は、基本的に木造軸組工法と枠組壁工法の二つであると考えていただいて結構ではないかと思います。

省エネ住宅は、地球人の義務か

ところで、いま人類共通の大問題は、地球温暖化と化石燃料の枯渇にほかなりません。二十世紀、人類は石油をガンガン燃やして産業を発展させ、自動車を走らせ、電気を使って豊かになりました。しかしその結果、多量の二酸化炭素を排出し、それが地球の温暖化をもたらしたのです。二十一世紀は地球環境のために、二酸化炭素の排出量を少なくし、限りある化石燃料の替わりに、新たなクリーンエネルギーを中心に据える世紀となるでしょう。

このことを住宅に当てはめて考えますと、「冷暖房をなるべく使わなくてもすむ家」が求められているということになります。冷暖房をつけなくても夏は涼しく、冬は暖かい家。これが実現できれば光熱費が節約され、地球環境にも優しく、省エネにもなるのです。

住宅金融公庫が省エネ住宅に対して、現在割増融資を実施しているのは、それが地球環境に対する政策と一致するからです。国民は一地球人として、家を建てる際にはこのような意識を持つように努めなければならないと思います。ちなみに、同公庫が省エネ住宅に求めている工事をひと言で言えば、高断熱・高気密です。

断熱性、気密性の高い家の特徴は、外気の影響を受けにくいため、冷暖房の効率がよく、また結果的に強度も高い家になるという点。気を付けなければいけないのは換気で、外気が入りにくいためこれをきちんとしないと、健康に影響したり、カビの原因にもなります。逆に言えば、高断熱・高気密で換気システムを完備すれば、非常に快適で、健康的な家になること請け合いです。

花粉症などのアレルギーのある方などが、こうした家に住んでみて「もうあのつらい症状からおさらばできた」と喜んでいる姿を、これまで数多く見てきました。もちろん換気設備の充実は、アレルギーだけでなく、シックハウス症候群にもとても効果的です。

『日本新生のための新発展政策』では、「適切な換気を行う室内環境に配慮した住宅の建設の支援をするため」に、換気設備を設置した住宅に対し、五十万円の割増融資を実施することが謳われています。「高断熱・高気密」、そしてそれに加えて、「適切な換気」は、これからの家づくりの重要なキーワードの一つになっていくことは間違いないでしょう。

省エネという意味では、自然エネルギーをなるべく活用するということも、これからは持たなければいけない意識でしょう。ソーラーパネルを使って自家発電し、少しでも家庭内の電力消費の足しにするとか、太陽熱を暖

房としてうまく活用するなど、自然エネルギーを生かす方法がどんどん開発され始めています。二十一世紀は、太陽エネルギーだけでなく、風力、水力、地熱などをトータルに使って、エネルギーを自給自足する時代となるかもしれません。

バリアフリーは高齢者のためだけにあらず

時代の要請という点では、省エネ住宅だけなく、バリアフリー住宅も忘れてはいけないもの。私は二十一世紀の住宅は、省エネ同様、バリアフリーも重要なキーワードであると考えます。

バリアフリーというと、「段差をなくす」とか「手すりを付ける」とすぐに考えがちですが、何か重要なことを忘れてはいないでしょうか。バリアフリーという言葉は、本来、「障壁がない」という意味の英語です。つまり、

「生活していく上での障壁、不都合がない家」

がバリアフリー住宅なのです。

足の弱くなった高齢者や車椅子で生活する人の移動の障壁にならないように段差をなく

す。これは確かに大事なことです。しかし、それだけではないはずです。

例えば、最近は、輸入住宅の影響もあって家をつくる際の基本寸法（モジュール）の考え方が変化しつつあります。お気付きになっていらっしゃる方も多いと思いますが、日常生活では長さを表す単位はすべてメートル法を基準にしています。小学校の授業でも、オリンピックの陸上競技でも、メートルとかセンチとかキロメートルという単位に慣れ親しんでいます。

ところが、家のことになると、なぜか一間（いっけん）幅の間口とか、三寸釘といった尺貫法の単位が登場します。これにおかしいと思われたことはないでしょうか。

そうなのです。日本の住宅のほとんどが、まだこの尺貫法を基本単位として、つくられているのです。わかりやすく言えば、畳一枚の大きさ半間（九一センチ）×一間（一八二センチ）が家の大きさの基準なのです。

廊下の幅は半間、リビングの大きな間口は一間、ドアの高さも一間、一間×一間の面積、つまり畳二枚で一坪。こんな調子です。ちょっと年のいった職人気質の大工さんは、センチなどとはまず言いません。すべて何尺何寸ですし、持っている曲尺に刻まれた単位もすべて尺貫法による単位です。

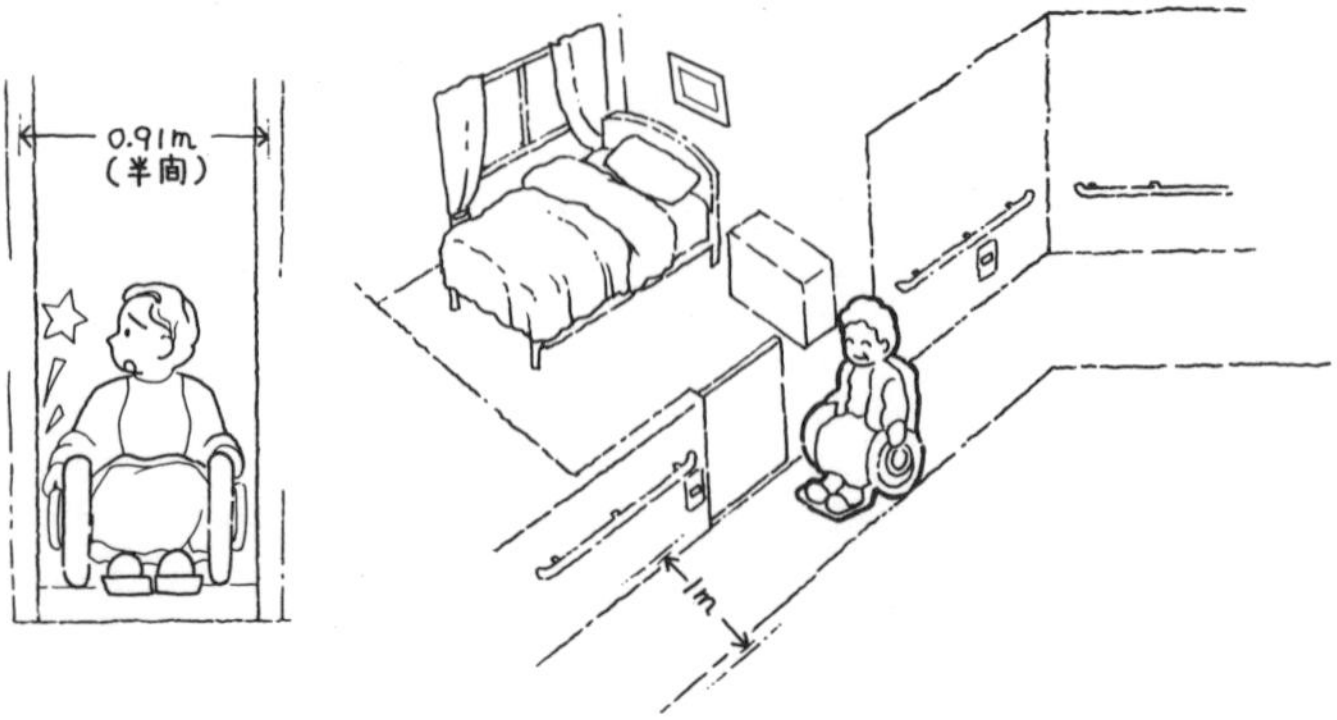

このため木造軸組工法で家を建てると、この基準に合わないサイズで家をつくった場合、規格外として、割増価格を請求されることもあります。

ところが、当然のことながら輸入住宅には一間も一尺もありません。インチやメートルが基準です。廊下の幅やドア幅は一メートル、ドアの高さは二メートルといった具合です。メートルが基準寸法なので、メーターモジュールと言います。日本でも、かつてプレハブ住宅は、メーターモジュールを使った方が規格品をつくりやすいという理由で採用していたのですが、実は、このメーターモジュールは、バリアフリーに非常に都合がいいという事実がわかったのです。

というのは、メーターモジュールでは、通常、廊下の幅が一メートルで、日本の半間幅の廊下よりも九センチだけ幅が広くなります。この九センチの広さが、車椅子の通行を格段に楽にするのです。というわけで、単なる基本単位の問題なのですが、最近ではメーターモジュールは、バリアフリーという言葉とセットにすることが多いようです。

このように廊下の幅を広げることもバリアフリー、車椅子での通行ということを考えれば、廊下を直角に曲げずに、斜めに通すことだってバリアフリーといえるでしょう。さらに、お風呂の浴槽の高さを低めにして入浴しやすくしたり、電気類のスイッチなどをわかりやすくかつ使いやすく配置するといった工夫も、すべてバリアフリーの考え方です。

そして忘れてはいけないのは、バリアフリーとは、高齢者や身体の不自由な方だけでなく、結局は誰にとってもバリアフリーなのだということです。

こうした、誰にとっても生活しやすいバリアフリーの家。これが、これからの家の主流になることでしょう。

家にも押し寄せるＩＴ革命

今、首都圏は空前のマンションブームを迎えています。バブルがはじけてからの長引く不況で、土地の価格が下がったり、企業がリストラのために都心の一等地に保有する財産を手放したりで、都心に条件のいい住宅用地が多くなりました。

また、一度は郊外の一戸建てを夢見て、マイホームを手に入れ、そこで子育てを終えた熟年夫婦たちが、もう一度二人だけの便利な都心暮らしをマンションで始めようという傾向が強くなっています。そのことがマンションのグレードを高くし、戸建て感覚をマンションに持ち込むという流行を生み出しています。

いずれにせよ、現在のマンションはそれぞれが差別化をはかるため、デザインや間取りの自由度、セキュリティ関係の設備などを競って工夫する時代となっております。そうした設備競争で、最近目立つものに、「二十四時間インターネット接続」というのがあります。

これは、マンションが丸ごと光ファイバーやＣＡＴＶのケーブルなどによって常時インターネットにつながっているので、居住者はいつでも好きなときに好きなだけインターネットを使えるというサービスです。永住感覚を売りにするマンションが、すでに二十一世紀の情報通信時代を見据えて、こうした設備を取り入れ始めているのです。

せっかく自分の家を持ったのに、三年や五年のうちに、時代についていけない古いものになってしまったら、それは寂しいことでしょう。家を建てるには、ある程度先を見て、このマンションのディベロッパー（開発者）のように、家のつくりに反映していく姿勢が必要です。

そういう意味では、これからはやはりＩＴ時代、情報通信関係の設備をどうするかを考えて、家づくりすることが大事でしょう。もちろんパソコンは、一人一台が当たり前になります。またテレビは家庭の情報端末として、今とは確実に違った存在になるでしょう。ＤＶＤやＰＤＰ（プラズマディスプレイパネル）も、そろそろ家庭に普及する兆しがあります。大きな壁掛けテレビでショッピングを楽しんだり、映画館のような臨場感で映画を観るという生活も、もうそんなに遠い未来のことではないでしょう。

オーディオ・ビジュアルの分野だけではありません。家のセキュリティーや戸締まり、お風呂を沸かすことなどの遠隔操作も可能になり、そのうち医療サービスは、インターネ

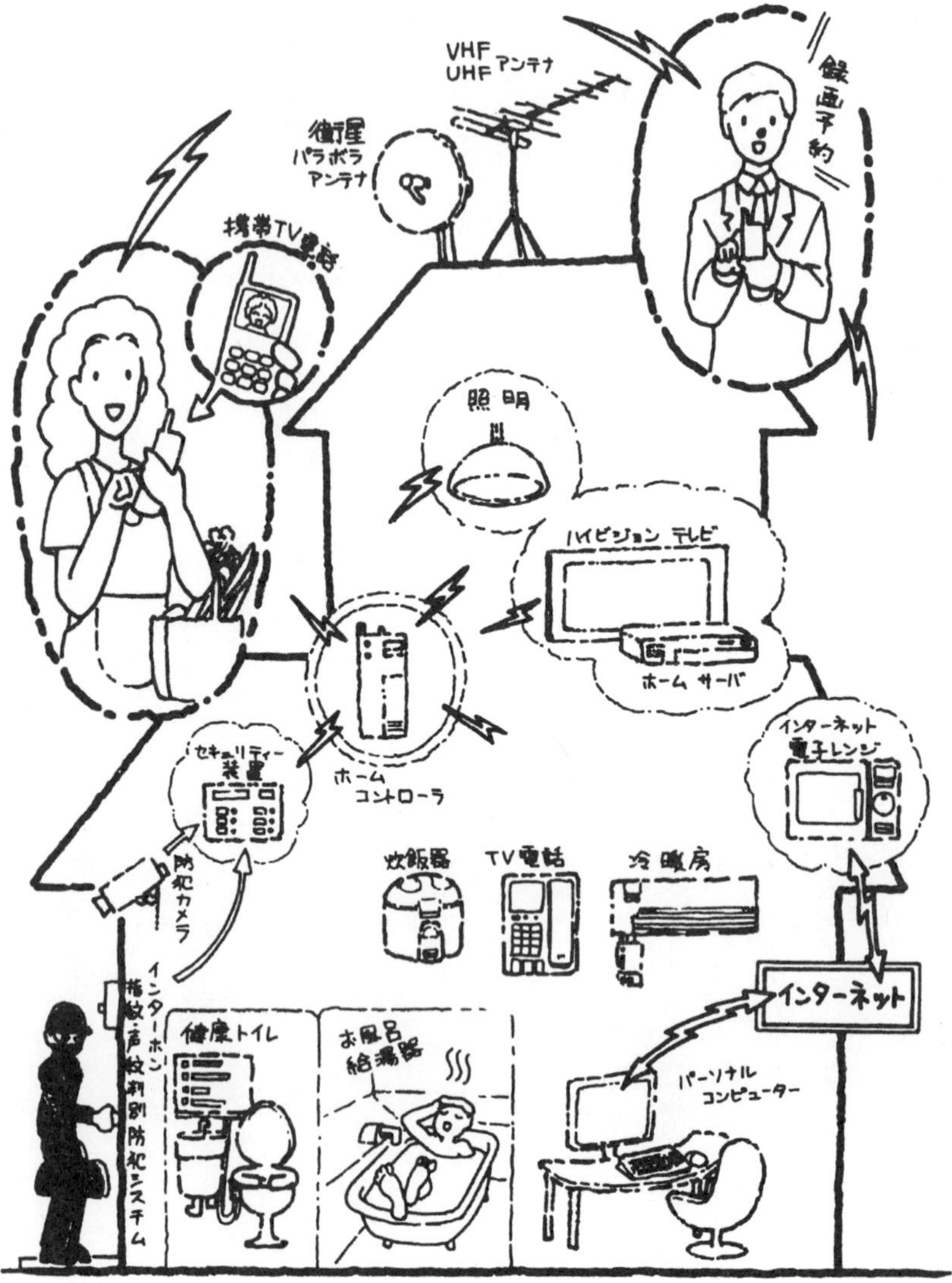
VHF
UHF アンテナ
衛星
パラボラ
アンテナ
録画予約
携帯TV電話
照明
ハイビジョン テレビ
ホーム サーバ
ホーム
コントローラ
セキュリティー
装置
インターネット
電子レンジ
炊飯器
TV電話
冷暖房
防犯カメラ
インターホン
指紋・声紋判別防犯システム
健康トイレ
お風呂
給湯器
インターネット
パーソナル
コンピューター

ットで行えるようになるかもしれません。

このような設備を家に取り入れていくためには、前もって家のインフラを考えておく必要があります。今はまだそれほど一般的ではありませんが、電気メーカーや電力会社などでは、家庭内のＩＴ対応のインフラの開発を始めています。新しい分野ですから、必ず最新情報をチェックしておく必要があるでしょう。

この章では、家づくりに関して、さまざまな選択肢が広がってきた現在の住宅状況を書きました。いずれにせよ、人々の家に対する感覚も日に日に多様になってきており、自由な発想で家を建てやすい時代になってきているのは確かなようです。

第三章　情報選択はバランス感覚だ

選択とは、優先順位を決めること

物事を決める場合、なかなか決断できないのは、どれを選んでも結局メリット、デメリットの両方があるからだと思います。郊外で自然が多く、敷地の広い家に住みたいと思って、思い切って郊外に引っ越したけれど、会社への通勤がとても大変になる。それでは会社と居住環境のどっちを優先するのか。通勤時間をどこまでなら我慢できるのか。そうした優先順位とか、どこまでどちらを重視するのかといったバランスを、具体的に自分のなかでイメージしてなければ、選択できないということになってしまいます。

それでも、一つ一つの決定事項に、どんなメリットやデメリットがあるのかがしっかりとわかっていれば、まだ考えようもあります。しかし、住宅の建築というような専門的な事柄では、一般の人には、なかなか見えていないことが多くあります。

この章では、夢のわが家をいざ建てる際に、何を基準にどんなことを選べばいいのか、その際にどんなメリット、デメリットがあって、そのバランスをどう考えればいいのかということを説明したいと思います。

マンションと子どものプライバシー

子どもの成長過程で、どんな部屋をどう与えればいいのかというのは、家づくり全体にも大きな影響を及ぼす問題です。子ども部屋を一階にするのか二階にするのか、大きいのか小さいのか、子どもが独立したらその部屋はどうするのか――。それが決まらないと、他の部屋の配置や大きさも決まりません。しかし大事なことは、子ども部屋のことを考える前に、まず子どもをどう教育していくのかという、いわば教育方針を決めることだと思います。それが決まれば、自ずと部屋の考え方も定まってくることでしょう。

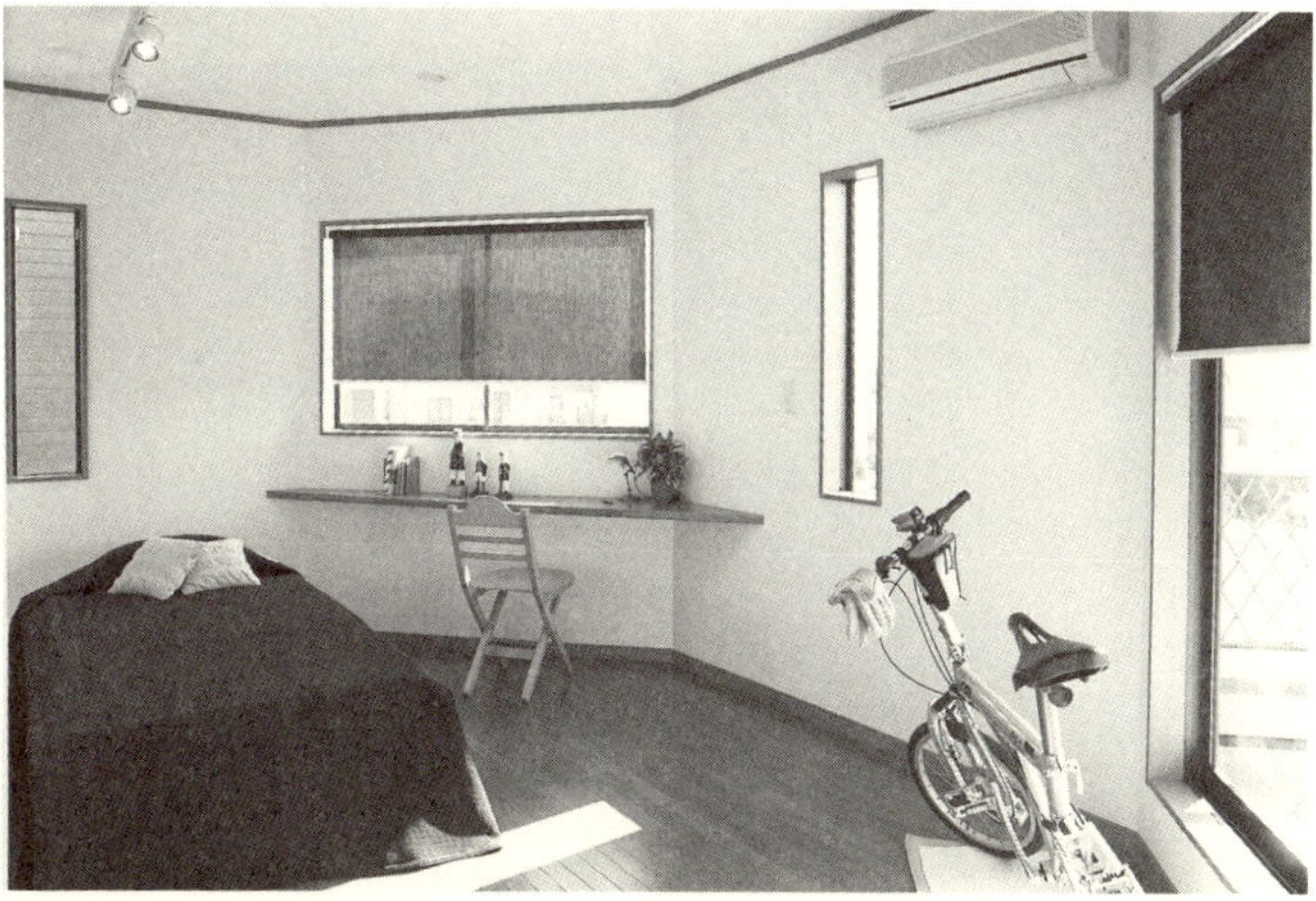

個室を〝孤〟室にしない

さて、戦後の高度成長期、日本は欧米諸国に追い付け追い越せで近代化を進めてきました。もちろん、そのお陰で産業や経済が奇跡的な急成長をとげ、先進国の仲間入りをしましたが、その間、多くのことが犠牲になったのも否めない事実だと思います。おそらくこれからの二十一世紀は、そうした発展の陰で犠牲になった問題を、一つ一つ解決しながら、日本社会が成熟していく時代なのだと思います。そうした犠牲の項目の一つが、子どもの教育なのかも知れません。

右肩上がりの経済を支えるため、優秀な企業戦士が求められ、そのためにいい大学、いい高校と受験戦争に強制動員される。子どもは個性豊かに育つことよりも、まず勉強のできる子になることが優先され、教育ママやら塾やらが力を持つ。そのため子ども部屋というのは、何より雑音に邪魔されずに勉強できる部屋という意味合いが強くなったのだと思います。そこにうまくフィットしてしまったのが、戦後大量に供給されたマンションという住宅の形態でした。

当時、大量に建設されたマンションは、どれもほとんど似たり寄ったりの間取りをしています。あなたにも心当たりがあると思いますが、北側の玄関を入ると廊下があり、その左右が暗い洋間。廊下の突き当たりに南向きのリビングがあり、その間の左右がキッチンとお風呂・トイレ。このパターンです。そして、玄関を入ってすぐ左右にある洋間が、子どもの勉強部屋として設定されたのです。

この子ども部屋は、プライバシーを守るという点では、最高の部屋です。なにしろ玄関を入って、親の顔を見なくても自分の城に閉じこもることができるのですから。あとは、

「勝手に人の部屋に入らないで」

などと言って、鍵でもかけてしまえば親も手出しのしようがありません。外出するにも玄関に一番近い部屋ですから、誰にも干渉されずに飛び出して行けます。

マンションに限らず、一戸建て住宅にも、同じようなことが起こりました。やはり戦後の庶民の住まいとして大量に販売されたプレハブの分譲住宅では、子ども部屋は二階の一番いい部屋でした。玄関を入ってすぐの階段を上がれば、日当たりが良好で、風通しのいい子どもの個室。こういうパターンが実に多かったものです。

マンションの場合と同様、子どもは、親と顔を合わせなくても、自分の部屋に出入りでき、二階にあるぶんだけマンションよりもさらにプライバシーが守られている環境に置かれました。

このような完全なる個室で、親は子どもの勉強の邪魔をしないようにと接触を少なくし

ていき、結局子どもが個室内で何をしているか全然わからないという状況がつくり出されていったのです。ひょっとしたら、あなた自身がそういう部屋で育ったのではありませんか。

私はここで、そのような日本の住宅事情や子ども部屋の是非をとやかく言うつもりはありません。ある意味では、こうした状況もやむを得なかったのだと思います。ただ、これからあなた自身が自分の家をつくるにあたっては、もう一度子ども部屋について考えてみる必要があるということを言いたいだけなのです。何も考えず、

「個室を与えればいい」

などと思わないで欲しいのです。

子どもを一人の人間として尊重すれば、確かにプライバシーも大事です。しかし、親とのコミュニケーションを削ってまで、子どものプライバシーを守ることにどれだけの価値があるのでしょうか。このプライバシーとコミュニケーションのバランスをどこで取っていくのか。この課題を抜きにしては、子ども部屋のつくり方、そして家全体の間取りを語ることはできないでしょう。

リビングを通る動線を確保する

子ども部屋を個室にするか、それともあえてオープンスペースにするか、そうした判断は個人の価値観で決めることですから、そこに立ち入ろうとは思いません。しかし、部屋そのものよりも、子どもが日常生活の中で、どのように家の中を動き回るか（動線）という点に注意を払ってみてはいかがでしょうか。

子どもが、朝起きて顔を洗い、ご飯を食べて着替えて出かけ、帰宅してお風呂に入る──。こうした一つ一つの行動をする際に、では家のどこをどう通るのか。それをうまく考えれば、仮に部屋が個室であっても家族のコミュニケーションがとりやすい家になります。

その際に大事なことは、家族が一堂に会するリビングを通る動線を確保することでしょう。特に外出するとき、あるいは帰宅したときは、必ずリビングを通らなければ自分の部屋に入れないようにすることです。

もちろんリビング自体が、家族が集まるよい空間になっていなければ意味がありません。

「時々みんなでテレビを見たりするだけで、それが終わるとそれぞれ個室に戻る」

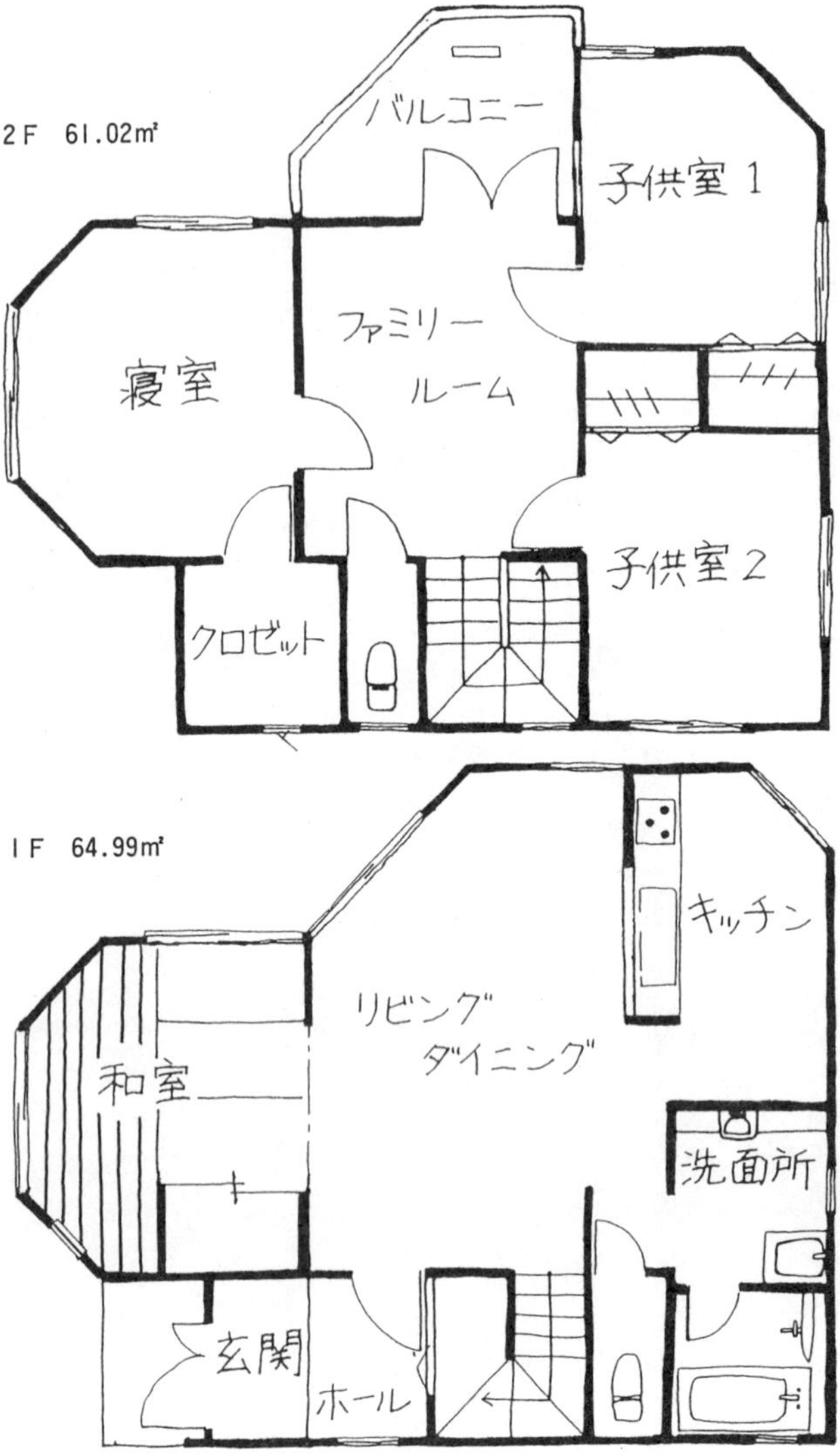
2F 61.02㎡
バルコニー
子供室1
ファミリールーム
寝室
子供室2
クロゼット
1F 64.99㎡
キッチン
リビングダイニング
和室
洗面所
玄関
ホール

というような名ばかりのリビングでは、そこにいくら子どもの動線があっても同じこと。いい子ども部屋は、あくまでも、親がいい住まい方をしているという前提条件のうえに成立するものですから。

大きくオープンな空間から始める

最近になって、子どもの教育や親の介護など、しっかりと長い歳月の移り変わりを意識した上で、家づくりを考える人たちも少しずつではありますが増えてきたようです。人は成長し、家族もそれぞれ成長し変化していくものです。その変化に柔軟に対応できるような家づくりを考えるということは、たいへん素晴らしいことだと思います。

そういう人たちに共通しているのが、子ども部屋をあえて完全な個室として分けてしまわないという考え方です。例えば、子どもが小さいときは、広いリビングで一緒に生活して、子どもが成長し、自分だけの空間が必要になったときには、リビングの一部を子どもコーナーとして、間仕切りをつくる。でも、その間仕切りは完全な個室としないで、わざと上部だけは開けておいて、リビングとつながった空間にする—。このような対処の仕方です。

こうしておけば、近い将来に子どもが独立して家を巣立ったら、また間仕切りを取り払って、もとの広いリビングに戻すことも可能です。そして今度は、介護の必要な親が同居することになれば、また間仕切りをし直して、親の介護スペースにするという考え方もあります。

このようにして、家族の成長や変化に柔軟に対処できる家をつくる。あなたも、ぜひ参考にしてみてはいかがでしょうか。

さらに、もし子どもが生まれる前に、あるいは本当にまだ赤ちゃんのときに家を建てるという幸運に恵まれているのであれば、もっと大胆な考え方も可能だと思います。極端に

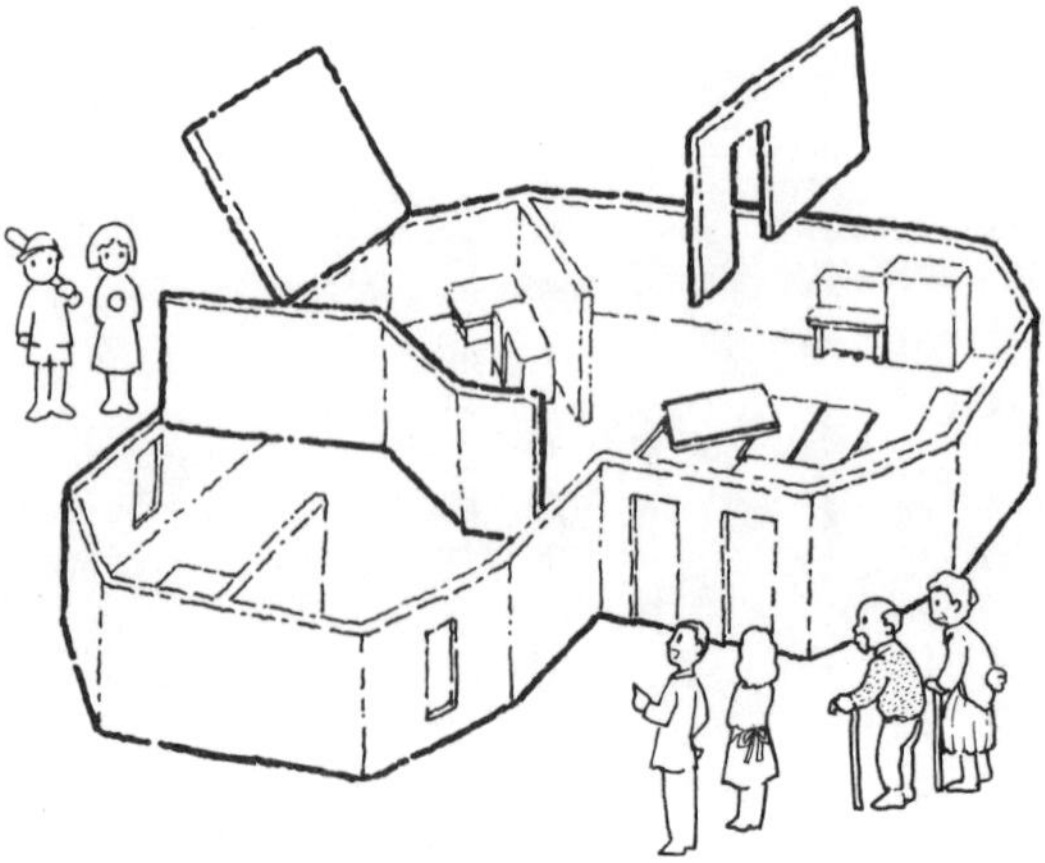

言えば、ちょうど体育館のような、大きな一つの空間から始めるという考え方です。

例えば、夫婦二人だけの生活のときは、一つの空間だけで二人で生活します。ニューヨークのロフト暮らしのような感覚です。大きくオープンな空間に、ベッドや仕事机、食卓、お風呂など、何でもあるわけです。仕事をするのにどうしても仕切りが欲しければ、家具や、簡単なパーテーションで区切ればいいでしょう。

子どもができても小さなうちは、そうした大きな空間で一緒に遊べます。それこそ、家の中に二階からブランコを下げたりするなど、まさに体育館にすればいいのです。もう少し大きくなれば、二階の梁に床板を張って、部屋をつくってしまいます。家の大枠は完成しているのですから、簡単なリフォームですみます。

そうやって、大きな空間を必要に応じて区切ったり、床を足したりしながら変化に対応できるようにしておく。こんな考え方もできるはずです。

こうすれば、家を建てるときのコストも大幅に下げられます。細かい仕上げはほとんどなく、骨組みだけをしっかりとつくればいいわけですから、いわばいつも「未完成」状態の家なのです。仮に、その後の改築に多少お金がかかったとしても、ライフサイクルを考えれば、若いうちは、できるだけコストのかからない形の方がよりよいのではないでしょうか。

いずれにせよ、子ども部屋をどう考えるかは、家づくり全体を左右します。また、家づくりの根本にもつながるといっても過言ではないでしょう。教育の仕方、家族とのコミュニケーションの取り方などをじっくり考えて、後悔のない家づくりをして欲しいのです。

採光と断熱性のバランス

これから家を新築する人だけでなく、マンションを買う人も、賃貸住宅を借りる人も、多くの方が気にかけるポイントの一つに、

「日当たりがいいかどうか」

という問題があります。

特に、今まで古い家に住んでいて、これから新しく建て替えるという人の多くは、

「今の家は暗くてイヤ。今度の新しい家は、とにかく部屋の中を明るくしたい」

という希望を抱くようです。

ところが、物事はすべて「ほどほど」が一番いいように、日当たりもやはり当たり過ぎ

は問題があります。いつも明るく日が差し込んで、しかも夏は涼しく、冬は暖かにという具合になれば誠に申し分ないのですが、なかなかすべてがそのようにうまくはいかないものです。

日当たりを良くするために、やたらと窓をたくさん付けたがる方が、結構いらっしゃるのですが、ここで注意しなければいけないのは、窓はあくまで建物にとっては開口部ですから、窓を多く付ければそれだけ断熱性が悪くなるということなのです。これは、仮にペアガラスや三重ガラスのサッシといえども同じです。

気持ちのいいサンルーム

これが通常の壁に付ける窓だけならまだいいのですが、さらに天井にトップライトも付けてということになると、断熱性はかなり悲惨なことになってしまいます。つまり

「夏は暑くて暑くてしようがない」

という状態に陥ってしまうのです。

日本の住宅では、断熱性が悪いからといって、冬が寒いということはそれほど問題にはなりません。日差しが差し込んで、かえって暖かいということもありますし、夜はカーテンを閉めるので、熱が失われるのを緩和することもできます。

しかし、夏の暑さは、窓の多さにまともに影響されます。かといって、せっかく日当たりを良くするために窓を付けたのに、夏の日中にいつもカーテンを引いて部屋を真っ暗にしていたのでは、本末転倒でしょう。

従来の日本の家屋を見ると、おおよそ六畳から八畳間程度の広さに、窓が二カ所というのが標準的な窓の数ではないでしょうか。このバランスは、日本の気候に合わせて、長い間に一番頃合いのいいバランスになったのだと思います。部屋をなるべく明るくしたい気持ちはわかるのですが、このバランスを大幅に崩さない程度に窓を配置すれば、まず大丈夫でしょう。

ちなみに、天井に付けるトップライトは、採光の基準でいうと通常の壁に取り付ける窓の三倍の明るさで計算をします。ですから、小さくても、トップライトが一つあれば、その部屋には壁に窓が少なくてもかなりの明るさは確保できるわけです。

また、バランス良く窓があれば、あとは必要以上に窓を多く付けても、明るさ自体はもはやそれほど劇的には変化しません。窓はぜひ、適切に、度を超さない程度にバランス良く配置したいものです。

構造を重視するか、「間取りの自由」か

バランスという意味では、これからお話する「構造」は、日当たりよりもずっと建物にとっては根本的で重要な問題です。夏暑くても、それは住む人が我慢すれば済むことですが、構造が悪いと家の寿命が短くなってしまいます。

もちろん、そうはいっても、すべての住宅は建築基準法が定める最低限の強度はクリアしています。したがって、構造が悪いからといって、家がすぐに潰れてしまうなどという心配はありません。

ですが阪神大震災以降、地震に対する家の強度が問題視されており、少しでも家の強度を落とさない方法を知っておいた方が、これからの家づくりにはきっとプラスに作用することと思います。

さて、そこで構造とうまくバランスを取らなければいけない要素が「間取りの自由」と

いうことになります。

これまで、

「間取りなども自由な発想で考えてみてください」

と、何度も書いてきましたが、だからといって、全く好き勝手にしたのでは構造的に問題が起こる場合が出てきます。

例えば、あなたが積み木で二階建ての家を建てるところを想像してみてください。まず一階をつくり、二階の床を張り、二階の外壁と間仕切りをつくります。そのときに、二階の外壁や間仕切りは、なるべく一階の外壁とか間仕切りの上に揃えないと、強度的に不安な感じがします。

あるいは、一階に広い大広間をつくって、その上に、間仕切りの多い小さな部屋を幾つものせるのは、やはり「床が抜ける」ような嫌な感じがするのではないでしょうか。

実際の家にも、同様のことが言えるのです。強度的には、一階と二階の全く同じところに外壁や間仕切りがあることが理想です。とはいっても、アパートやマンションならともかく、一戸建ての住宅にそんなおかしな間取りの家はないでしょう。つまり、なるべく一階の間仕切りと二階の間仕切りの位置を揃えたり、二階の間仕切りが、梁の上にきちんと

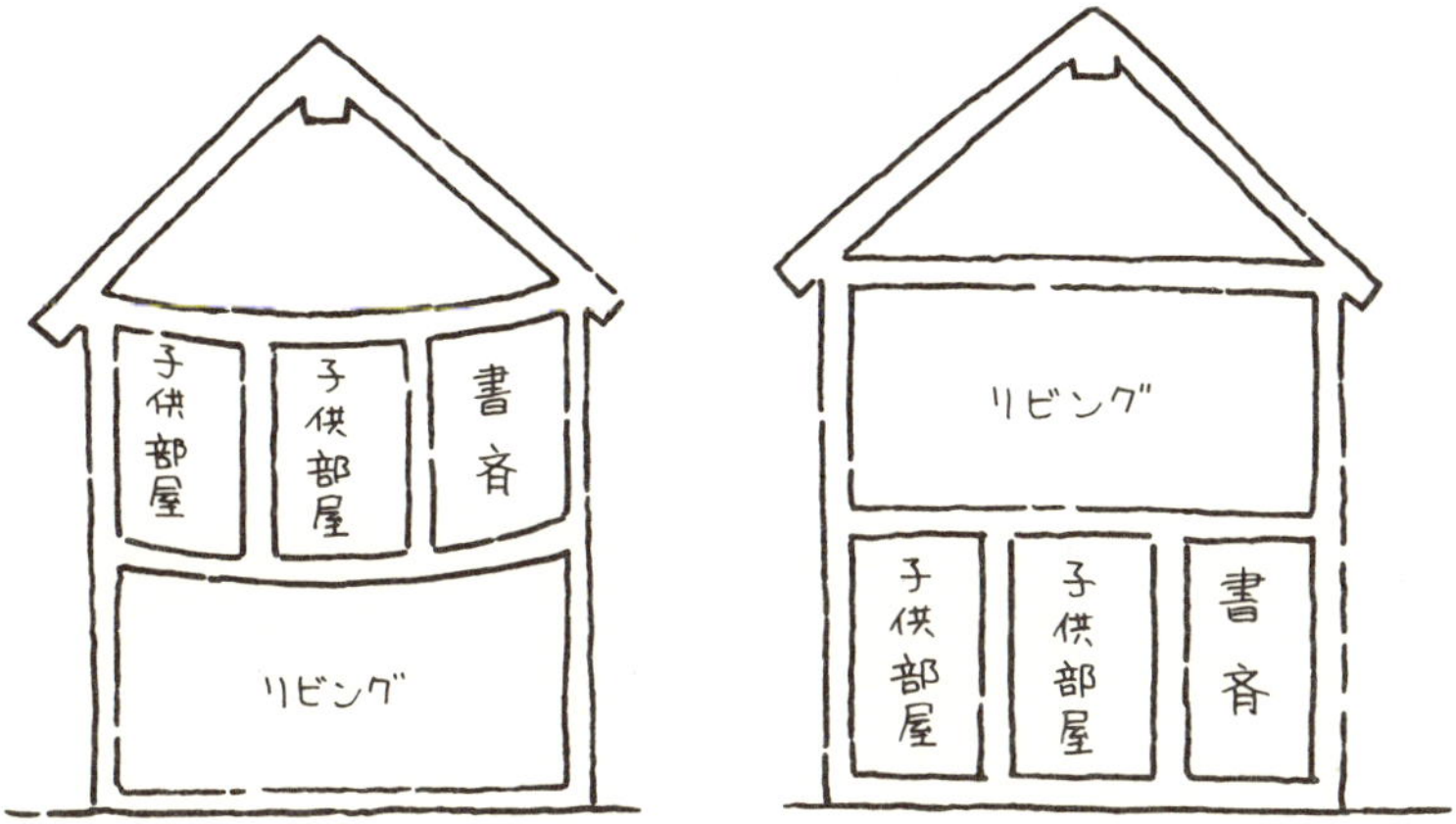

のっているようにして、一階から二階まで一本で通る柱を入れるような工夫が必要なのです。

また、最近は広いリビングルームが人気を集めていますが、一階に広いリビングをつくって、二階に小さな部屋をのせるのは、構造的には弱くなりますので、リビングの形状に工夫をしてみるとよいと思います。

自由に間取りを考える際に、たったこれだけのことを考慮に入れると、プロから見ても「コイツはわかっているな」という感じの間取りができ上がると思います。ただし、これだけで間取りを考えるのが随分と難しくなるのも事実です。

構造的な強度と間取りのことを中心に書き

ましたが、ここでひと言、構造と窓の関係についても触れておきたいと思います。

先に採光のところでも述べたとおり、窓は建物にとっては開口部なので、断熱性も落ちますが、同様に構造的な強度も落ちることになるのです。ですから、窓をたくさん付けると、その分を他の場所で強度を補わなければいけません。

その点、木造軸組工法で建築する場合は、窓を自由にとってもその分の補強のやりようがいろいろあるのですが、ツーバイフォーのような枠組壁工法で建築する場合は、強度を支える壁自体に穴を開けて窓をつくるので、補強のしようがありません。

つまり枠組壁工法では、木造軸組工法に比べて窓を自由につくりにくいということと、窓の大きさ自体にもかなり構造上の制限があり、どうしても窓が小さくなってしまうということを理解しておいてください。反面、断熱性や気密性には優れているわけで、それぞれの工法にはそれぞれのメリット、デメリットがあるのです。

二階にリビングをつくってみたら

ところで、当社では、住宅の相談を受けた際に家の強度や暮らしやすさということを考

えて、あるプランを提案させていただいております。それは
「二階にリビングやキッチンをつくってはいかがですか」

というものです。

これは、先ほどの構造的な強度という観点からすると、とても都合がいい。もうおわかりでしょう。つまり、一階に広いリビングを配置して、二階に小さな間仕切りの多い部屋を配置すると、強度がどうしても弱くなるなら、逆に
「一階に間仕切りの多い細かい間取りを考えて、その上に、広いリビングを置けばいいじゃないか」

という発想です。これなら、強度的には全く問題ありません。

二階に広いリビング、それにキッチンやダイニングをつくって、生活の中心を二階に持っていこうという新しいライフスタイルの提案なのです。

しかも二階のリビングには、他にもメリットがあります。二階に比べ一階はどうしても日当たりや風通しが悪くなりがちで、せっかくの広いリビングも昼間から照明を点けるような場合が少なくありません。特に住宅が密集する都会では、これは深刻な問題です。

それに対し、二階はおおむね日当たり良好で、風通しも良く、同じ階の南東側などは、

ほとんどの家で一番いい部屋となっているようです。そして、現状では、だいたいそこが子ども部屋になっている場合が多いのです。

ただ、子ども部屋というのは、住宅の一生から見れば機能するのがほんの短期間で、しかもその期間を過ぎれば、子どもは出ていってしまいます。せっかくの一番環境のいい部屋も、その後はただの物置スペースになっていたりすることもよくある話です。

そうであれば、一番明るく気分のいい場所を家族で一生使えるリビングに充てるというのが、もっとも合理的なスペースの使い方ではないでしょうか。

住まい方は個人の問題ですから、すべての方に

「二階に住んでみてはどうでしょう」

と勧めているわけではありませんが、構造的な強度を確保でき、しかも広く明るいリビングが実現できる「二階で暮らす」という発想を、あなたも間取りを考えるときに頭の片隅に置いてみてはどうでしょうか。

「高齢者のため」は、必ずしも子どものためにならず

家を建てる時は、誰しもが快適で便利で安全な家を望みます。そのこと自体もちろん当然のことですし、住宅を提供するメーカーとしても、みなさんがそういう生活を実現できるような家づくりを目指しています。

しかし、ここでは

「本当にそれでいいのですか」

と、あえてそのような生活に疑問を呈する内容の話を書きたいと思います。

現代に限らず、いつの時代も、子どもの非行や不良化は大きな社会問題になります。今は「いじめ」という言葉が一つのキーワードになっていますが、かつて「過保護」という言葉がクローズアップされた時期がありました。

「子どもが自分で乗り越えなければいけない障害を、親がいちいち手を貸してしまったり、除いてしまう。その結果、子どもは自分で何も解決できないまま育ち、何でも人に頼る人間になってしまう」

これが親の過保護という問題です。

その後、日常生活は、どんどん便利になってきています。と同時に、どんどん汚いものを排除し、無菌状態を目指すかのような清潔志向が社会全体に進んでいるような気がします。この状態は、子どもにとっては社会全体による一種の過保護状態なのではないでしょうか。

「お腹が空けば、コンビニで二十四時間いつでも暖かいお弁当が食べられる。公衆電話がなくたって、どこでも携帯電話から連絡できる。蛇口をひねれば、適温のお湯が流れ出てくる。冷房や暖房がいつもきちんと効いている」等々。

このような状態を当然として育った子どもたちは、本当に大丈夫なのでしょうか。あなたはどう思われますか。文明病とも呼ばれる花粉症患者は、急激に増加しています。ちょっとしたことで、従来からあったO157のような病原菌による食中毒も、問題になっています。現代社会の過保護状態のために、子どもたちが、いや子どもだけでなく大人も抵抗力が弱くなってきているのではないでしょうか。

話を住宅に戻しましょう。昨今、バリアフリー住宅といって、何かというと「高齢者に優しい住宅を」

というのが一つの主要な流れになっています。

もちろん、これは大変素晴らしいことで、結構なことだと思うのですが、その家に一緒に子どもが住んでいる場合、その子にとってはどうなのかということが、私は多少気になるのです。

当社では、フィンランド住宅というものを輸入販売しており、詳しいことは後述しますが、この最大の特徴は、高断熱・高気密のつくりで、家の中は二十四時間完全に温度と湿度を管理できるという点なのです。しかも、花粉などはフィルターで完全に除去していま す。

このシステムを使えば、家の中は温度や湿度の変化が年間を通してほとんどなく、花粉などのアレルゲンもほとんどありません。高齢者にとっては、非常に優しい住みやすい家となることは確かです。

ところが、そんな環境で小さいときから育った子どもはどうでしょう。寒さに震えたり、暑くて汗を流したりしない分、寒さや暑さに対して抵抗力の弱い子どもにならないでしょうか。空気の汚れに対しての抵抗力はどうでしょうか。

それだけではありません。高齢者に優しい家では、なるべく細かいスイッチ類は排除して、センサーで自動的に作動する仕組みが増えています。

例えば、人が通ると自動的に照明が点き、いなくなると自動的に消えるとか、手を差し出しただけで適温のお湯が自動的に出てきて、使い終わると、これまた自動的に止まるという洗面所の給湯システムなど、すでにかなり出回っております。

そうした家で育つ子どもは、スイッチや蛇口を使ったらＯＦＦにするというしつけができるでしょうか。家以外の場所で、お湯の蛇口を開いて、ヤケドすることはないでしょうか。

私は、何もここで「家や社会を少しは不便にしろ」などと言いたいのではありません。あなたが家を建てる際には、「高齢者に優しい」という必要性と、「子どもの抵抗力やしつけ」という問題を、あなたの家族構成などに応じて、今一度バランスを取るように意識してほしいと望んでいるだけのことなのです。

「自然」という名のブランド志向

世の中、「自然志向」がブームになっています。有機農法の野菜や米が売れたり、エコロジーという言葉とともに自然環境に優しいさまざまな商品やサービスが普及していくのは、とても喜ばしいことなのですが、私が一つ気になるのは、

「そういう自然志向の人たちは、本当に自然が好きなのか、それとも自然という名のブランドが好きなのか」

という点なのです。

本当の自然の中で採れた野菜は、味や臭いにかなりクセが強く、今のビニールハウス栽培の野菜に慣れた人には、食べにくいと聞きます。もちろん有機栽培ですから、当然虫が付いていることもあります。それが美味しい野菜の証拠でしょう。

しかしこのごろの自然志向の人の中には、

「有機は好きだけど、虫はイヤ」とか
「曲がっているキュウリは買わない」

などと平気で言う方が少なからずいらっしゃ

暖炉のあるリビング

るようです。そういう人たちは、自然が好きなのではなく、自然というブランドの商品が好きなだけなのです。

私は、だからといって、そういう人を責める気は毛頭ありません。願わくは、そういうタイプが存在するのを理解してほしいということ。そしていま、日本人は全体的に工業化製品に慣れすぎて、本物を見る目がなくなってきたという点を強調したいのです。というのは、これは住宅にも全く同じことが起こっているからなのです。

環境ホルモンだの、シックハウス症候群だのと、住宅の世界でも農産物の農薬と同じように、人体に悪い影響を及ぼす物質がいろいろと取りざたされています。以来、住宅も自然志向ブームが広がりつつあります。

「合板や集成材に使われる接着剤は、身体に良くないから、ムク材を使って欲しい」

という要望の方も増えてきています。

確かに建材の輸入は、規制緩和が進み、安くて質のいいムク材も輸入しやすくなってきましたので、そういう方の要望には応えることができる環境にはなりました。問題は、ご本人がムク材のことを本当にわかっていないということなのです。これは、ちょうど

「有機栽培は好きだけど、曲がったキュウリはイヤ」

という人によく似ています。

つまり、ムク材は自然材なので、温度や湿度の変化で必ず曲がったり反ったりします。

ところが、ムク材を希望したお客様は、

「ムク材はいいんだけど、反っては困る」

と言い出すのです。

ムク材のフローリングは、ある程度反ったりしても、その凸凹感がまたいいのですが、自然の木目が好きでも、施工後は、あたかもタイルを敷き詰めたかのようにきれいに平らでなければ納得しないという人が結構いるのです。

ドアなどの建て付けにしても、ムク材では、必ず引っかかりやスキ間が生じてきます。アルミサッシのように、いつでもピタッとはいきません。

また自然のものですから、当然手入れが必要になります。塗装なども塗り直す間隔が短くなる場合もあります。

健康のために、住宅も自然志向でいこうと本当に考えているのであれば、やはり、自然素材のいいところと、悪いところの両面をしっかり意識していただきたいのです。それがイヤで、やはりきちんとした精度の高い家に住みたいのであれば、何らかの工業製品を使うしか手はありません。
おそらく多くの人は、その中間の
「ある程度自然の良さも享受したいし、でも精度の高さも欲しい」
というところで悩むのだろうと思います。この自然と人工のバランス感覚は、夢のわが家を建てるにあたって考えなくてはならないことでしょう。

モジュール（基準寸法）をどうしますか

家をつくる際の基本寸法として、従来の尺貫法に基づく、一間（九一〇ミリ）を基準とする単位と、輸入住宅の普及で一般化してきたメートルを基準とするメーターモジュールがあることは、前の章ですでに書いた通りです。

メーターモジュールでは、廊下の幅などが一メートルと、従来の九一〇ミリに比べ、九センチ広くなるので、高齢者や車椅子の通行がとても楽になるというメリットはありますが、やはり、ここにもメリットがあればデメリットもあるわけです。

つまり、同じ間取りで単にモジュールだけを変えれば、当たり前のことながら、メーターモジュールにした方が、家全体が大きくなってしまいます。敷地の広さや、予算に余裕があるならば、それでもいいのですが、そんな人はまれです。

それなら総床面積を変えずに、基準寸法をメーターモジュールにするとどうなるでしょう。そうすると今度は、廊下の割に部屋が狭い家になってしまいます。かといって、一階はメーターモジュールで、二階は尺貫法でつくるというわけにはいきません。やはり、ここでも自分が何を優先するのかをきちんと持たなければ、大事なことは決められないでしょう。

現代人は、格段に体格が良くなってきています。特に高齢者とか車椅子でなくても、普通の健常者にとっても、メーターモジュールの方が窮屈を感じないで生活できるのではないかと思います。

モジュールの問題は、これまでの傾向をみていると、初めはみなさんメーターのモジュールを希望されるのですが、結局は予算と敷地の関係であきらめ、従来の一間単位のモジュールにおさまるというパターンが多いようです。

しかし単に予算とか、敷地の問題ではなく、もう少し根拠を持って決めていただきたいと思います。そうしなければ、結局、あとで

「やはりこうするべきだった」

と思い悩むこと必至だからです。

第四章　「家は四角形」という常識を捨ててみると

八角形住宅のポイントは形よりも発想

さて、ここまでは家づくりの基本的な考え方や、今現在の住宅事情、そのなかでどう選択肢が広がり、どう選べばいいのかということを説明してきましたが、この章と次の章では、実際に自由な発想の具体例を挙げていますので、家づくりの愉しさに触れてみてください。

第二章の冒頭で

「なぜ家の形は四角なのか」

という話をしました。

「家は四角いものという固定観念を捨てて、もっと自由に発想してはいかがですか」

という提案でしたが、読者のみなさんの中には

「そうはいっても、それはあくまで例え話でのことだろう」

と、高をくくっている人がいるのではないでしょうか。ところが、それは例え話だけのことではないのです。

実は、当社の主力商品に『八角形住宅』があるのですが、これは
「家は四角い」

という常識を本当に捨てて、新しく発想を広げた家なのです。

八角形住宅というと、あなたはどんな家を想像しますか。その名の通り、きっと割ときちんとした正八角形の家を想像する方が多いのではないでしょうか。

「二階も八角形なのかな？」とか
「八角形だと、家の中も八角形なの？　そんな家に住めるのだろうか」

などと考えた方もいるでしょう。いずれにせよ、どうしてもまず八角形という形ありきで、考えてしまいがちだと思います。

ところが、本書で最初から説明しておりますように、家づくりでは、形よりもまずは、発想を自由にすることが大切です。確かに八角形という名前が付いているので、つい八角形という形にとらわれてしまいますが、当社では、形よりもむしろ、家づくりの発想のバリエーションとして、この住宅をとらえております。

つまり、これまでの家は縦と横の線でできている四角形ですが、八角形にすれば、それに加えて、必ず斜めの線が登場してきます。この「斜め」という発想を家づくりにとり入

れてあれば、それは広い意味での八角形住宅ではないかと思うのです。

縦、横、斜めの線でできた家。非常に簡単なことのように思えますが、この斜めを一つ発想のなかに加えただけで、家は、とても面白いメリットを持つことができるのです。次に、具体的にどんな良さがあるのかを見ていきましょう。

自然の通風、日当たりを実感

住宅展示場でよく見かける風景なのですが、他のいろいろなモデルハウスを見てきて、八角形住宅に入った人たちが皆一様に、開口一番
「この家、明るいわね」

と、おっしゃいます。

その通りです。八角形住宅は明るいのです。理由は、とても単純なこと。八角形住宅は八面に窓がつくれますが、四角い住宅では、四面だけです。

しかし、この単純なことが、実はとても威力を発揮するのです。例えば、都会の住宅密集地を想像してみてください。自分の家の周りは、三方が敷地ぎりぎりまで隣家が建って

います。唯一、道路に面して開けているのは日の差し込まない北側とします。

このようなロケーションは、実は都会にはとても多いものです。三方の隣家に邪魔されて、昼でも全くといっていいほど日の当たらない家は珍しくありません。日が差し込む可能性があるのは、南東と南西の方向だけなのですが、四角い家ではそこは角になってしまい、窓は付けられません。もしそこに窓を持っていこうとすれば、家を敷地に対して斜めに配置しなければならなくなります。でもそれでは、敷地の使い方として、あまりにも効率が悪くなってしまいます。

こんなとき、八角形住宅であれば、問題はたちどころに解決するのです。そうです、八

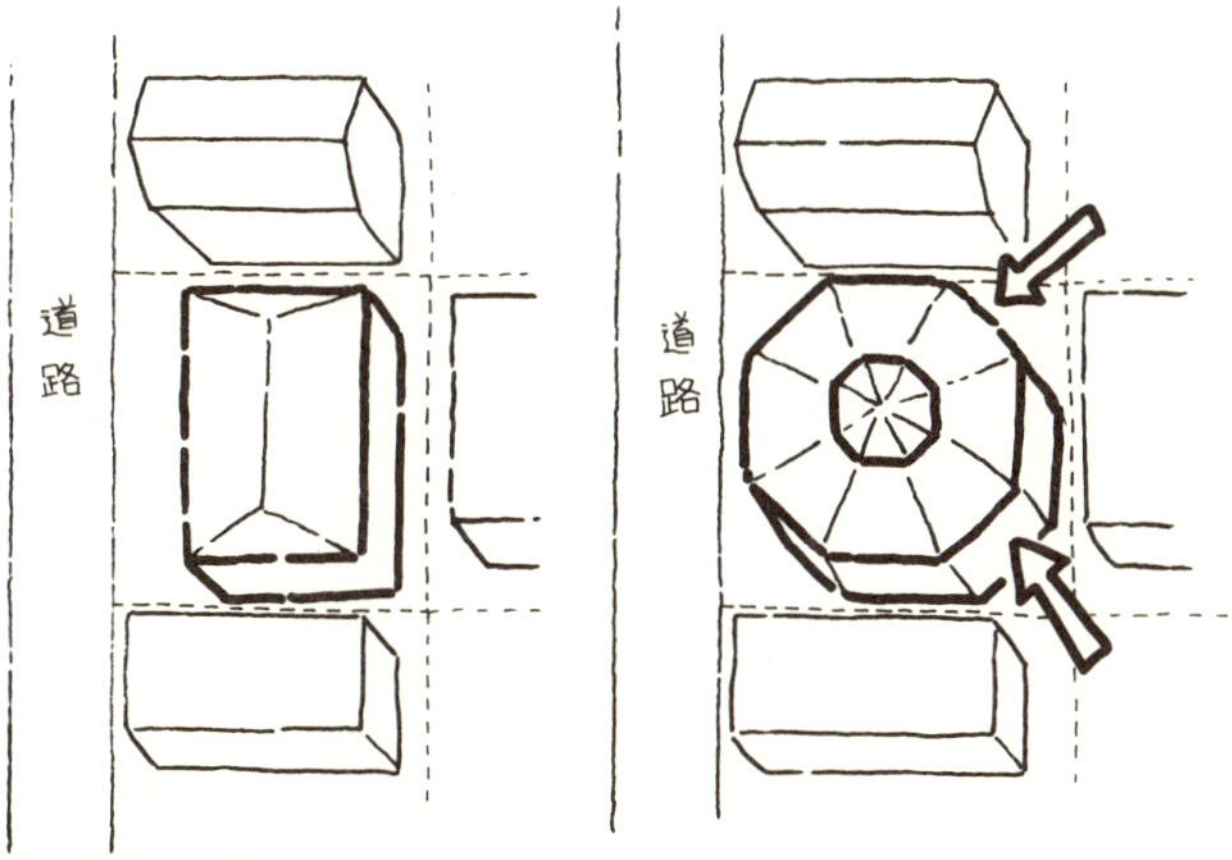

角形住宅では、南西と南東の方向に窓ができるのです。しかも、家を敷地に対して斜めにする必要もないので、敷地も効率よく使えます。

日本は、国土面積の割に人口が非常に多い国です。家を建てようとする際に、隣近所のことを気にしなくてもいいほど広い土地を使える方は、決して多くはないでしょう。八角形住宅は、そういう狭い敷地を有効利用して、快適な家をつくるのに適している住宅と言えるでしょう。

ところで、日光がよく入るということは、それだけ冬でも暖かい家です。実際に八角形住宅にお住まいの方は、口を揃えて
「冬の暖房費がグッと安くなった」

と証言してくださいます。では、夏はどうなのでしょうか。

「やはり日光が入るから暑いんじゃないの」

と思う方もいらっしゃるでしょう。ところがそれが正反対なのです。

先程から説明しておりますように、八角形住宅は、効率よく日光を取り入れることができます。

ということは、日光と全く同様に、風通しもいい家だということなのです。斜めの窓を

開け放てば、風向きに関係なく外の風が家の中を通り抜けます。自然光のいっぱい入る家は、すなわち風通しのいい家にほかなりません。そのため八角形住宅は、夏は涼しい風が通り抜ける快適な家になるのです。

さらに、冬温かく、夏涼しいということに関してもう一つ付け加えさせてください。前述したように、八角形住宅は、同じ面積の四角い家に比べて外壁の面積は小さくて済むのです。ということは、外気の影響を受けにくい住宅であるということがいえるでしょう。つまり、夏の熱気や冬の冷気の影響を受けにくい家なのです。

明るく、風通しがよく、しかも夏涼しく、冬は暖かい。自然の力を上手く利用して、光熱費の節約にもなる。これが八角形住宅のメリットです。

視線を優しくする斜め感覚

住宅密集地では、隣近所の家の窓同士が向かい合わせになっていたり、二階から隣の一階の室内が丸見えだったりで、プライバシーという点からは、あまりよろしくない状況が結構あるものです。

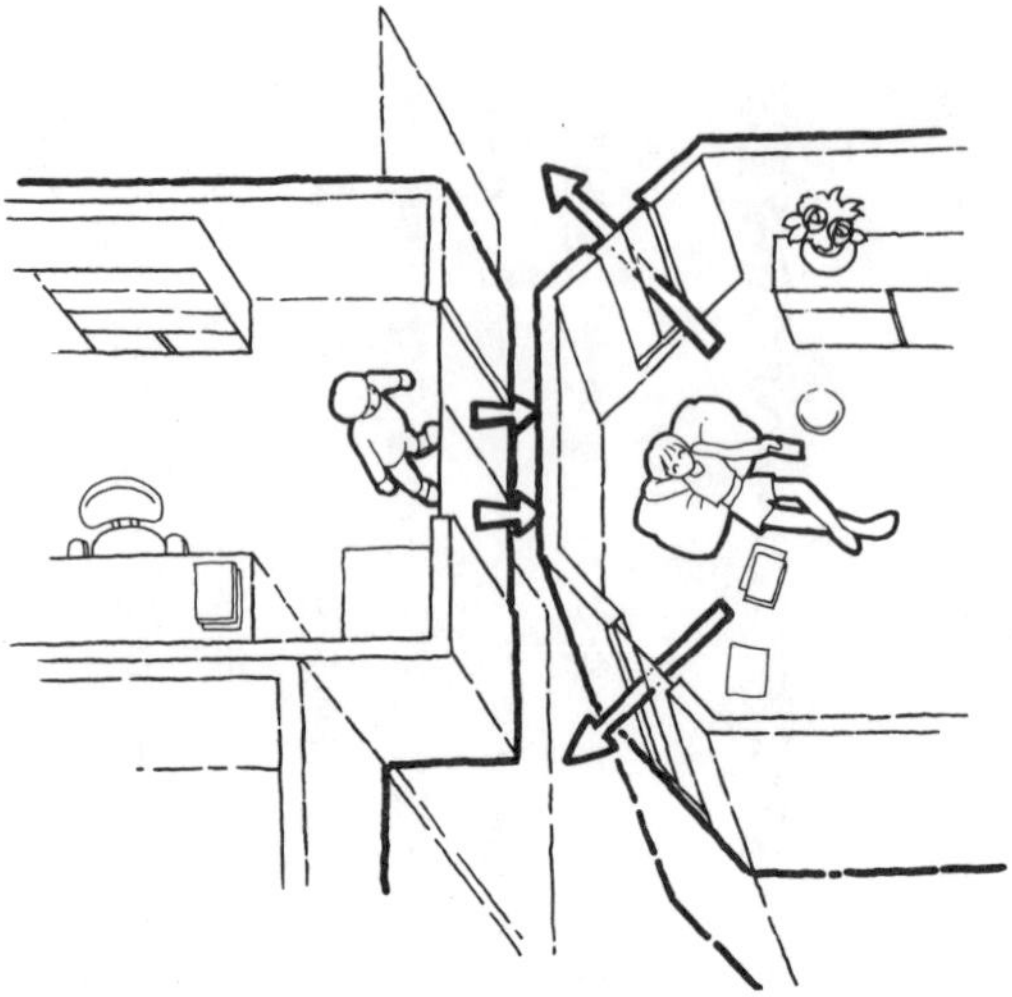

それでやむなく、目隠しを窓に設置。それでなくても、日当たりや風通しが良くないのにさらに悪くしてしまう。わかっていても、四角い家ではどうにもなりません。しかも、あの目隠しを、みなさんもご存知だと思いますが、家の美観を損ねる以外の何物でもありません。

ところが、八角形住宅の場合、八方向に窓をつくることができます。もしお隣と窓が向かい合わせになるようなら、その位置に窓をつくるのはやめて、すぐ横の斜めの位置に窓をつくればいいわけです。そうすることでプライバシーを守り、おまけに風通しと日当たりを確保できることになります。

隣家に気がねして窓を自由に開けられない

のでは、せっかく自由に発想して家を建てても、本末転倒になってしまいます。このプライバシーの問題から、八角形住宅に関心を持たれる方が最近は増えてきているようです。

視線という点で考えれば、八角形住宅には、もうひとつメリットがあります。それは、家の中でのコミュニケーションがスムーズになるということです。

よく外国人は、人と話をするときに相手の目をじっと見つめるといいますが、日本人は外国人ほど直接的に相手を見つめることはしないようです。ところが、四角い家にお客様を迎えると、普通は相手と面と向かって座る形になってしまいます。

ところが八角形住宅では、部屋の中が丸く広がっているために、視線を斜めに相手に向けることがごく自然に可能になります。この視線は、お客様のことだけでなく、家族や友達との間にもちょっと控えめで優しいコミュニケーションを実現してくれます。ちょうど日本人の感覚にあった、心地よい緩やかな視線といっていいでしょう。

外から侵入する視線をカットし、部屋の中の視線を優しくする八角形住宅。心地よい人間関係を保っていける家と言えるのかも知れません。

隣近所にも優しい気配りの八角形

家をつくる際に、以外と重要なことが、隣近所との関係です。特に住宅密集地にあなたが家をつくらなければならないとしたら、隣人は、間違いなく

「どんな家を建てるのか」
「境界付近はどのくらい開けるのか」
「日当たりや風通しが阻害されないか」

など、隣の家づくりに興味を持ち、心配し、なるべく嫌な思いをしたくないと考えているはずです。

その点、八角形住宅は、隣人にも優しい家だということがいえるでしょう。例えば、同じ境界を接していても、八角形住宅は四角い家に比べ、隣への圧迫感が格段に少なくて済みます。というのは、隣から見て、目の前を遮る一直線の壁が短く、その分、斜めにカットされた壁があるので、視界が広くなるからです。

視界が広くなるということは、風や日光も隣の家に届くということです。

これまで数多く八角形住宅を建ててきて、隣にお住まいの方にも、いろいろ説明させていただきましたが、

「八角形のこんな形の家が建ちますよ」

とお話しすると、みなさん一様に、それなら安心ですと「ホッ」とされるようです。

家の建設中から、隣りの方との関係がまずくなってしまっては、それがその後、半永久的に続くわけですから、これは由々しき問題と言わなければならないでしょう。せっかく家を建てても、隣との関係が悪いということだけで、面白くない毎日になってしまったのでは元も子もありません。

八角形という形は、隣との人間関係を良くし、住んだ後の生活を快適にするメリットも

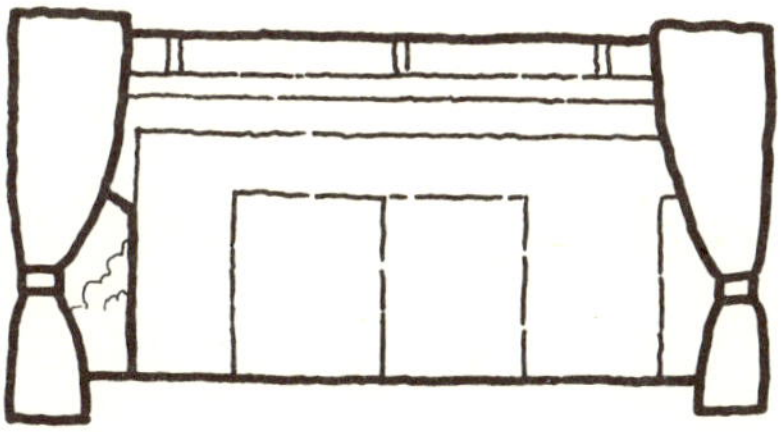

あるようなのです。

自由度が高いので設計が楽しくなる

さて、あなたは自分の家をつくるときに、間取りとか外観をいろいろイメージすると思います。でも、それを図面に描いてみたことがありますか。別に建築士が描くような本格的な図面のことをいっているわけではありません。手書きの簡単なもので結構なんです。

私の知り合いで、本を書きながら、南アルプスの山の中で暮らしている男がおります。彼の頭の中には、幼いときに、家族みんなで新しく建てる家の図面を描いたことや、模型をつくった記憶が今でも鮮明に残っているのだそうです。家族でワイワイ言いながら、自分たちの家のプランをつくり、それで完成した家は格別で、幼いながらも、家の構造の隅々まで、頭に入っていたと言っていました。

そして今度は彼自身が、南アルプス山中に家を建てるとき、やはり奥さんと二人で、図面やら模型やらを手づくりし、

「自分の家を理解するのに、本当に役に立った」

と話してくれました。

家を建てるときに、自分で図面や模型に取り組んでみるということは、私も是非お勧めしたいと思います。もちろんこれは自分の家を理解するための最良の方法でもありますし、その結果、実際に設計をする建築士さんにも、考えや意図がとてもよく伝わるからです。

ところが、四角い家の場合は、方眼紙に縦と横の線を書き込みさえすれば、外壁や間仕切りなどを形にできます。そのため、素人でも比較的簡単に図面を描くことができるのですが、八角形住宅ではそう簡単にはいきません。

一度、何かの紙にイタズラ書きをしてみるとわかると思いますが、八角形住宅では、壁も間仕切りにも、斜めの線が使えます。そうすると、間取りも外壁の形も、四角い住宅とは比べ物にならないほど自由なものができるのです。自由すぎて、かえってどう書き込んでいいのか迷うほどです。

一つ注意してほしいのは、八角形住宅とは、必ずしもいつも八角形である必要がないという点です。正八角形でももちろんＯＫですが、半分は四角のままで六角形でも構いませんし、四角と八角を組み合わせたような複雑な形でもいいのです。

つまり、四角という縦横の線だけから成る住宅ではなくて、それに斜めの線の可能性を加えた住宅を総称して八角形住宅と言っているにすぎないのです。

　前述したとおり、八角形住宅というと、すぐに正八角形だけを連想される方が多いのですが、必ずしもそうではないということを、是非頭に入れておいていただければ設計の自由度は高くなることはすでにおわかりでしょう。その自由な中で、自分たちで八角形住宅の間取りを苦労して図面にされた方は、一様に
「家って、こんなに自由に楽しくつくれるものだとは思わなかった」

という感想をもらします。本当にその通りだと思います。家というものは、本来あなたの自由になるものなのです。

　家というのは、それが建つ土地の使い方から、蛇口のデザイン一つに至るまで、すべてあなたの意思で決められる商品です。いわば、究極のオーダーメイド商品なのです。オーダーメイド商品なのだから、自分や家族の生活にフィットするように注文をするのが当たり前のはずです。

　ところが、こと住宅になると、メーカーや工務店任せにして、でき上がった家に自分たちの生活を合わせていくという人が少なくないように思えます。より設計の自由度の高い八角形住宅で、暮らしに合った家づくりを考える—。これこそが二十一世紀の新しい住宅

に対する発想ではないでしょうか。

「地震と風に強い」は日本の住宅の必要条件

ご存知の通り、日本は世界有数の地震国です。テレビを見ていても、画面の上部に突然の地震速報が流れることが頻繁にあります。日本という国は、どこに住んでいるかに関係なく、いつ大地震に見舞われるかわからない国なのです。

阪神大震災もそうでした。ほとんど大地震が発生する可能性がないといわれていた阪神地区に、突如、あれだけの大災害が猛威を振るったのです。多くの家屋や高速道路などの建築物が倒壊、炎上するシーンは、この世の物とは思えない悲惨な情景でした。

阪神大震災以降、建物や橋、道路などの耐震性が急激にクローズアップされました。住宅に関しても、耐震性に優れた家が「いい家」であり、地震に強いことは住宅の絶対条件にされてきました。地震大国の住宅としては、当然といえば当然の条件です。

さて、八角形住宅は、開発当初から、地震に対して強い家だということはわかっていたのですが、あの阪神大震災のとき、関西地区の八角形住宅が、ほとんど被害を受けなかっ

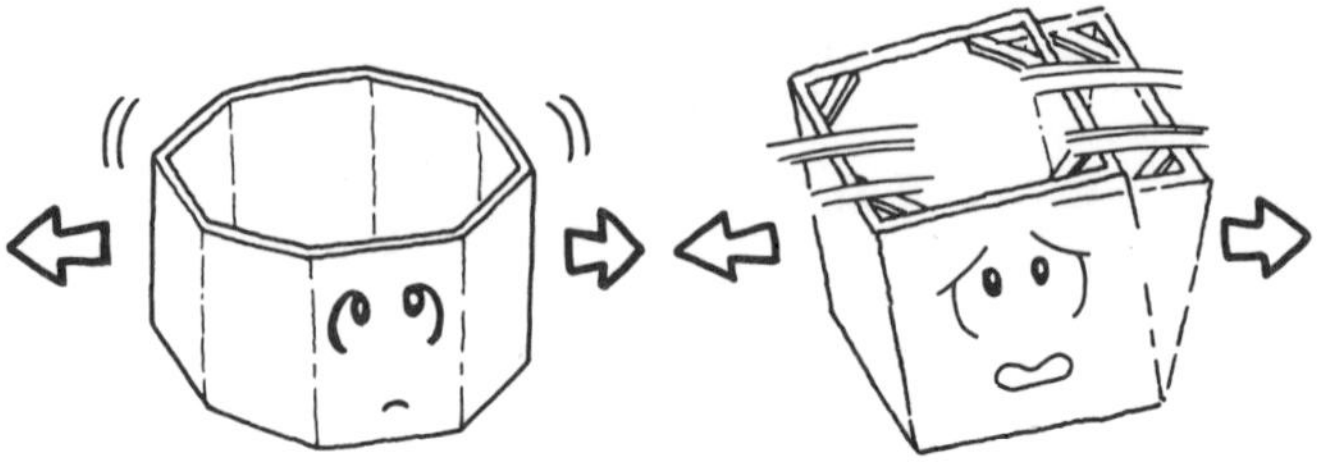

八角形住宅と四角形木造住宅とを同条件で強度実験を行い、八角形住宅の強さを証明（共同実験：東京大学）

八角形住宅と在来木造住宅の対比実大実験（耐震比較）

たということもあり、その後、問い合わせが急増しました。

現在でも、八角形住宅普及の大きなパワーになっていることは事実です。この「地震に強い」ということは、八角形住宅の開発・研究中に発見された最大のセールスポイントといってもいいでしょう。

ではなぜ地震に対して、これほどの強みをみせるのでしょうか。通常、四角い家では、その強度を保つために、四隅に火打《ひうち》と呼ばれる斜めの補強材を入れます。ところが八角形住宅では、この補強が必要ありません。

火打が、そのままより丈夫な壁になったとイメージしていただければ、感覚的にも強度が高いことは理解できると思います。開発時に、八面の壁が火打の役目を果たすように工夫して設計されています。

八角形住宅は風にも強い家です。その理由は、ちょっと考えていただければすぐにわかるでしょう。風をまっすぐな壁で受ける四角い住宅に比べ、八角形では斜めの壁が風を受けます。その結果、風が左右に逃げてしまうので、風から受ける影響度は四角い家のおよそ三分の一程度にも軽減してしまうのです。

地震大国である日本は、同時にまた台風の通り道にある国でもあります。風に強い家は、地震に強い家と同様、いい家の条件となり得るのではないでしょうか。台風銀座と呼ばれる、沖縄県の宮古島。そこにも八角形住宅が建っていますが、築十年たった今でも、台風の被害は全くないということです。

おまけに、これも当初全く予想もしていなかった八角形という形がもたらすメリットなのですが、風が斜めの壁に沿って、左右に流れるので、風が壁に当たるときの騒音が、この住宅では少ないのです。

太陽の光を多く取り入れ、そよ風の感触を楽しみながら自然の恵みを生かす住宅は、同時に自然に対して非常に強い家だという事がわかったのです。

変形地にも柔軟に対応が可能

家を建てる土地が、新しい分譲地のように、きちんと四角形であればそれほど問題はありません。しかし、先祖代々の古い土地とか、山の中の土地には、三角形だったり、台形だったり、必ずしも整った四角ではない土地も多いようです。そういう土地に家を建てなければならなくなったときに、

「土地がゆがんでいるから、家がどうしても小さくなってしまう」

というような悩みを持つ方は少なくないようです。問題は、そういったゆがんだ土地の斜めの境界線をどう使えばいいかということでしょう。実はそうしたときこそ、八角形住宅が威力を発揮するのです。

八角形住宅には、斜めの壁面があります。当たり前ですが、斜めの境界線を持つ土地に斜めの壁面を持つ建物を建てるのですから、それは、フィットしやすいに決まっています。四角い家では、斜めの境界線になるべく沿いながら家を建てるとなると、そこは階段状のギザギザの壁面にならざるを得ないでしょう。八角形住宅では、素直に斜めの壁面を使えま

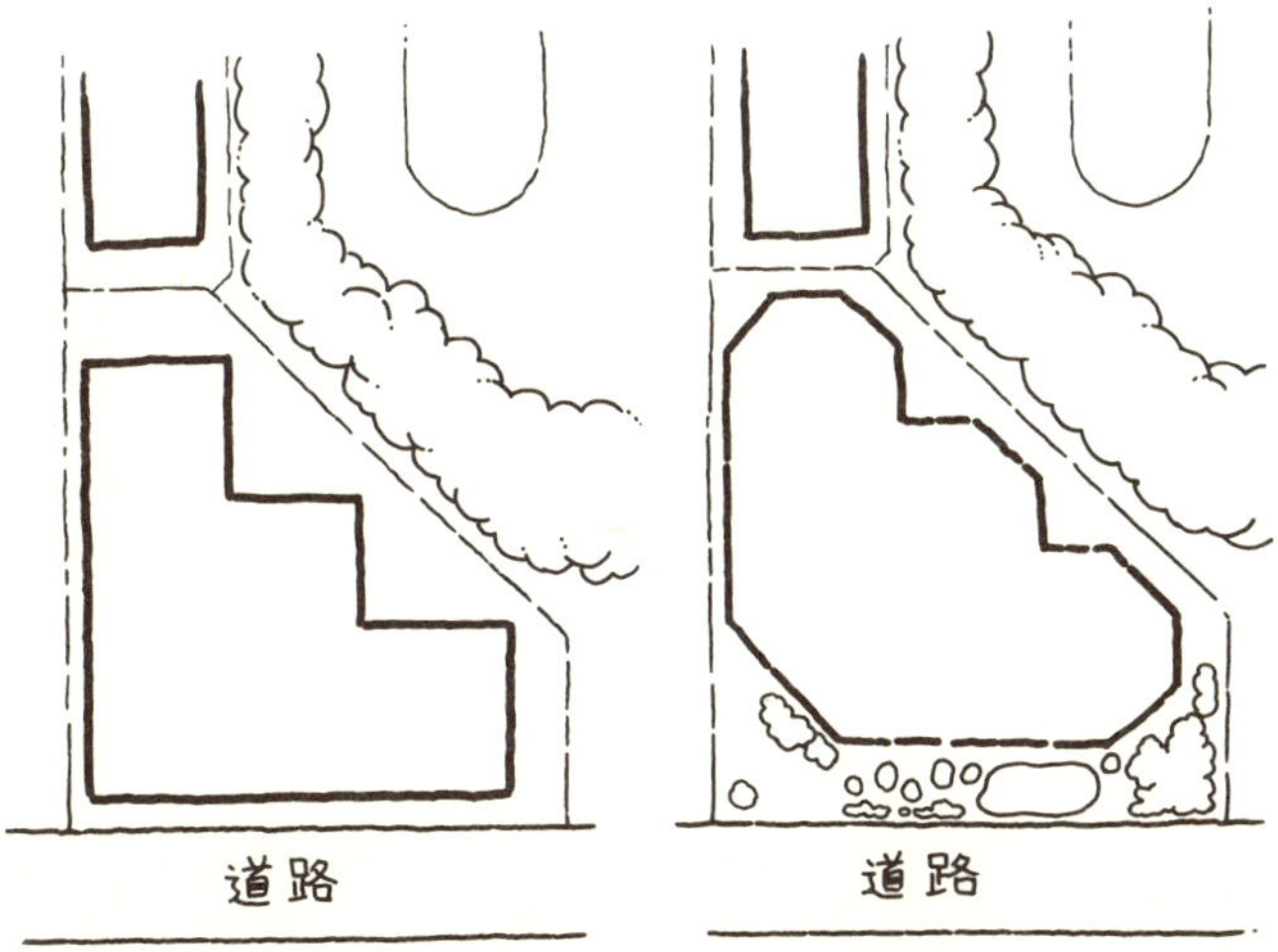

す。

イラストを見ていただくと、理解しやすいのではないかと思いますが、四角い家で、階段状に壁をつくると、どうしても無駄な空き地が出てきてしまいます。ここを斜めの壁でつくっていけば、その空きがなくなります。例えば、そこで稼いだ面積分を、逆に家の反対側の庭に当てると、南側の庭を少しでも広くできるというわけです。それだけ、土地を有効に活用できるのではないでしょうか。

また階段状の壁では、土地だけでなく、家の中の間取りも使いにくい形になる可能性が高いでしょう。

土地を有効に活用できるということは、同じ土地により広い床面積の家を建てることが可能であるということでもあります。もしもあなたの土地が変形地で、なおかつ多少手狭であっても、家の建て替えのために新たに値段の高い四角形の土地を購入しようとしているのであれば、もう一度考えて直してみてください。

「変形地をうまく利用して、浮いたお金を建物にかけてみてはどうですか」

結果的に、総予算も抑えることができるかも知れませんよ。

さらに、八角形の良さは、いわゆる変型地だけでなく、分譲地の角地などでも、さりげなく光り輝くでしょう。

いわゆる分譲地などの、便利な立地条件は、二方向に道路と面している角の土地です。ところが、道路の曲がり角は、いわゆる〝角切り〟といって、土地をきちんと直角にしないで、斜めに切り落とします。〝斜め〟とくれば、八角形の実力の見せ所です。八角形住宅の斜めの線は、そういう角地にも、とても無理なく家を建てることを可能にします。

八角形住宅は、あなたの暮らし方だけでなく、土地の形にも自在にフィットできるフレキシビリティーに富む家なのです。

少ない動きで家事もラクラク

間取りを考えるときに、とかく犯しやすい過ちがあります。それはついつい個々の部屋をどう使うか、どのくらいの広さにするか、どこの方角に配置するかなどに神経が集中し、各部屋同士の繫がり方を考えるのをおろそかにしてしまうという点です。

毎日、生活を続けていると、個々の部屋そのものも大事ですが、それ以上に各部屋をどう繫いでいるか、すなわちいかに各部屋間を合理的に移動できるかが、暮らしやすさの重要な要素になっているという事実が理解できます。キッチンと洗濯機置き場が離れていて、おまけに洗濯物を干すスペースがまた反対側にあるというように、移動の道筋（動線）を無視したレイアウトの家では、それでなくても重労働の家事が、さらに何倍も負担になってしまいます。

火に鍋をかけながら、洗濯機を回し、その間に掃除機をかけ、終わったらアイロンをかける等々。家事は複数のことを同時にこなすことの多い仕事です。もし、キッチンと洗濯機の場所と、アイロン掛けをする場所がバラバラに離れていたら、鍋の状態も見られません。当然移動が多くなって、すぐに疲れてしまうでしょう。家事労働の負担をなるべく軽くするには、家事に必要な動線をいかに短くするかが大事なのです。

ところで、八角形住宅にわが家がそろって引っ越しをした際に、妻が

「前の家より掃除がしやすいし、疲れないわ」

という感想をもちました。なぜ妻は、八角形住宅の方が掃除に疲れないと思ったのでしょうか。その秘密は、八角形という形に隠されているのです。先に、四角い住宅に比べ、八角形の住宅は外壁が短くて済むという話を書きましたが、それは室内についても同じ事がいえます。細長い家ほど動線は長くなり、円に近い形ほど動線は短くて済むのです。し

かも各部屋は八角形の中心から、必然的に放射状に配置されることになりますので、部屋間の移動も短くなるわけです。

このように、八角形住宅は家の中の動線が短いのです。それは家事を楽にする家であり、とりわけ家庭の主婦にとっては疲れを少なくしてくれる家でもあるのです。

疲れる「直角」、楽な「円」

ちょっと想像してみてください。例えば、陸上競技のトラックが楕円形ではなくて長方形だったとしたらどうでしょう。もちろん、二百メートルでも一万メートルでも、タイムは確実に遅くなるでしょう。いやそれだけでなく、選手たちは足の負担が大きくなり、ケガをしやすくなるかも知れません。「直角に曲がる」という動作は、人間だけに限らず、あらゆる動物にとって、不自然で、苦手な動きなのです。

ところがどうでしょう。従来の四角い家の中には、幅が狭くて、直角に曲がる廊下が随所にあると思います。そこを毎日何度も何度も通っている住人は、通っているときには「曲がりがきつくて大変だ」などとは意識しませんが、身体には、気付かぬうちに、疲労が蓄積しているのです。

一方、八角形住宅には、直角に曲がる廊下は、ほとんどありません。大概の廊下は、緩やかに丸く曲がっています。この廊下が、直角に曲がる廊下に比べて、どれだけ楽かということは、説明も証明もできません。これぱっかりは、住んでみてもらわなければわからないことです。しかし、八角形住宅に住んでいる方々から、

「家事が楽になった」

「同じ事をしても、疲れない」

という声をいただく大きな理由の一つは、緩やかに円を描く廊下にあると思います。

この廊下のメリットはそれだけではありません。例えば、タンスだとか、テレビだとか、大きな買い物をしたときに、直角の廊下と緩やかな円を描く廊下とでは、どちらが搬入しやすいでしょうか。説明を要しないでしょう。

また、万が一、何かの緊急事態で急いで廊下を逃げなければならなくなったとき、この両方の廊下では、どちらが素早く逃げられるでしょうか。健常者であれば、それほど違わないにしても、もし高齢者や車椅子を使わなければいけない人だったらどうでしょう。これも、答えは明白だと思います。

四角い家に、直角の廊下。そういうものだと思えば、別に何も感じないのでしょうが、実は、生活の中で人間にとっては、かなり不自然なものであるということを、そろそろ気付く方が増えてきてもいいのではないかと思いますが、いかがでしょうか。

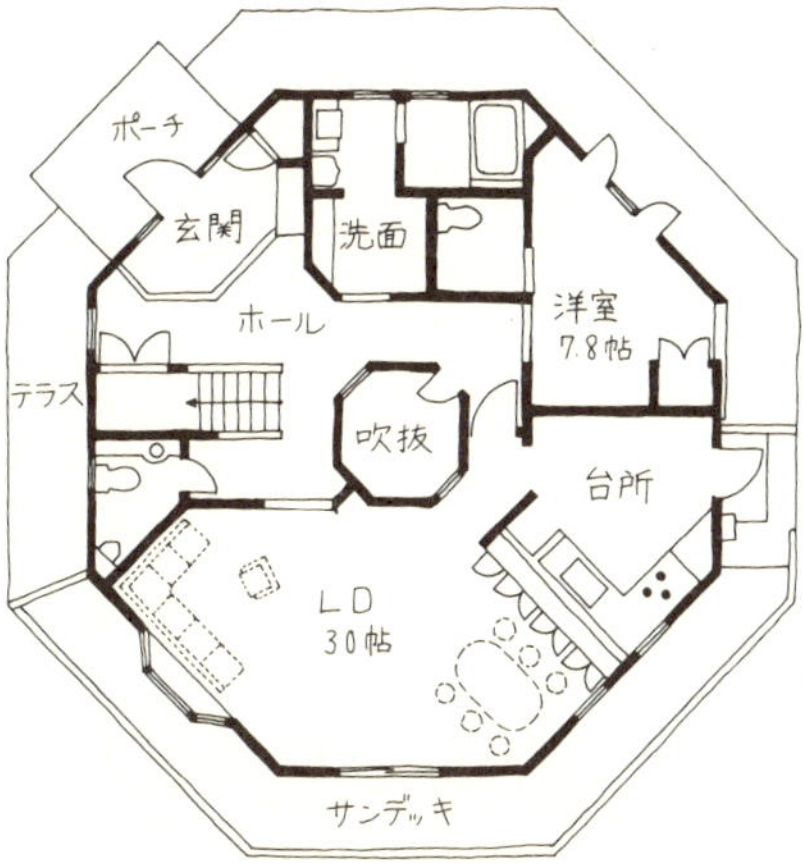

八角形住宅には家具を置きにくいのか

さて、いいことばかり書き連ねてきた八角形住宅ですが、次のような疑問を抱く方もいらっしゃるのではないでしょうか。

「四角い部屋じゃないと、家具が置きにくいのでは」

確かに、世の中に溢れているさまざまな種類の家具は、そのほとんどが四角か円の形をしています。決して、一三五度の角度や六七・五度の角度を持つ家具などないことでしょう。そうであれば、壁面に家具を付けて置くと、

「角の部分に鋭角な三角形の隙間ができてしまうのではないか」

と思われることでしょう。

確かにその通りで、無駄なスペースができるのですが、例えば四角い部屋であっても、扉の開け閉めを考えれば、無駄なスペースを作らなければいけないことになります。しかも八角形の部屋であれば、その無駄な場所に観葉植物などを飾ることもできますが、四角の部屋では観葉植物がじゃまをして家具の扉が開閉できなくなるので、それも置けません。

家具の種類にもよりますが、場合によっては、四角い部屋の方が家具も置きにくいともいえるのです。

また、八角形の部屋では、壁側には日当たりや風通しの良い窓を配置します。ですから、壁側にはなるべく家具を置かずに、部屋の中心部に家具を置くようになることが多いと思われます。家具の置き方も、四角い部屋と同じように考える必要は全くなく、自由に発想してみてはいかがでしょうか。

家具の話が出たところで、もう一つ家具について触れておきたいと思います。というのは、このごろは家の中にあまり多く家具を置かずに、自分の本当に気に入った家具のみを置くというライフスタイルを持つ人が増えて

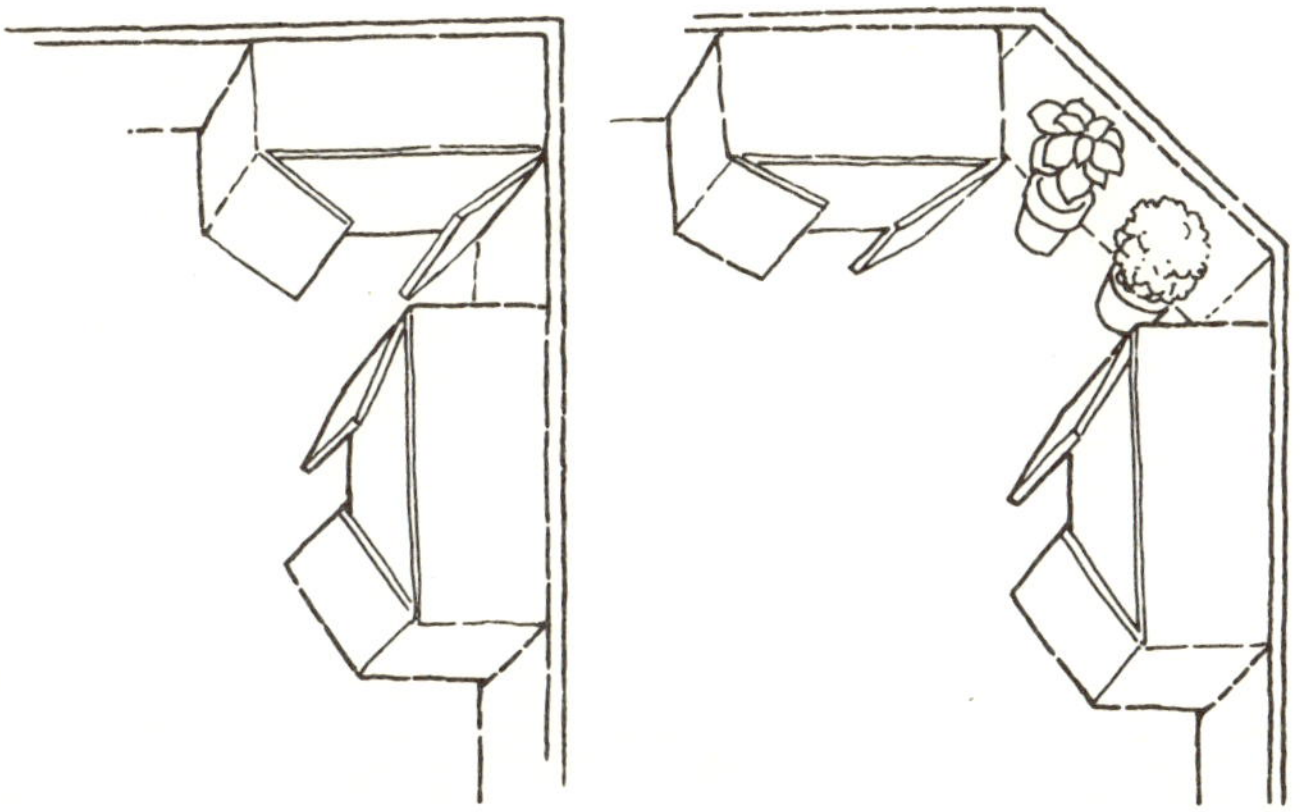

います。

　クローゼットや収納スペースを上手に使って、部屋の中はなるべく物を置かずにシンプルにする。こういう部屋を楽しむというか、部屋のインテリアは自分たちの個性だと大切にする方々が増えつつあります。これは生活が豊かになってきた証拠だと思います。

　ところが、そういう物をなるべく置かないシンプルライフには、四角い住宅はフィットしにくいのです。想像してみてください。四角い部屋に家具がなければ、何か寂しく、落ち着かない感じがしませんか。四角い部屋は、どちらかといえば、家具を入れて変化を加える必要があるのです。

　ところが、八角形の部屋では、部屋自体に変化と個性があるので、仮に家具を置かなくても落ち着かないということはありません。かえって、八角形の部屋が持つ開放感のある、快適な空間になるでしょう。

　家具が置きにくいとか、置きやすいとか言う前に、今一度、それぞれの感性のなかで、家具というものは、どういう存在なのかを考えてみてはいかがでしょうか。

別荘やお店に最適

山の中や、海辺というロケーションに建つ別荘の醍醐味の一つは、やはり風景を楽しむことができるということではないでしょうか。八角形住宅では、八方向に窓を取ることで四角い家では味わえない、雄大なパノラマを楽しめます。

また、開放感のある室内は、リゾートの雰囲気満点です。別荘に八角形住宅がフィットしそうだなというのは、きっとご理解いただけるのではないかと思います。

しかも八角形の外観は、自然の景観に馴染みやすいのです。山の中に三角屋根の山小屋とか、寺院、五重塔といった形はすんなりと溶け込むのですが、街中にあるようなごく普通の住宅は、全く景観に合いません。不思議なことに、自然の景観には、ある程度変化に富んだ形がしっくりくるのです。

自然の恵みを生かし、自然に強い八角形住宅は、別荘にぴったりの家として、あなたの人生を豊かにしてくれることでしょう。

また、もし自営でお店をやっている方がいらっしゃいましたら、店舗として、あるいは店舗併用住宅として八角形住宅は最適だと思います。

その最大の理由は、何よりも目立つことです。残念ながら、八角形住宅は数がまだまだ少ないので、ポツンと四角い建物の中に建つととても目立つ存在であるのは事実です。でも店舗にとっては、目立つのは大事なことです。実際にレストランやヘアサロン、フラワーショップなどとして、八角形住宅が全国で利用されていますが、オーナーの方は、「建物自体が、どんな看板よりも宣伝効果があるようです」

と、喜んでいます。

八角形なら二世帯住宅に威力を発揮

このところ、二世帯住宅を建てる方が非常に増えてきています。特に都市部では、「新規に着工する住宅の五割以上が二世帯住宅」

というデータもあるほど。八角形住宅を首都圏で建てる方をみても、確かにその半数以上が二世帯住宅です。なぜこれほどまでに二世帯住宅が増えているのでしょうか。

理由はいろいろありますが、若い世代が都心にマイホームを持つことがきわめて困難になったということが最大の理由なのではないかと思っています。

バブル崩壊後、土地の価格はかなり下がったのも事実ですが、それでも都心に土地を買って家を建てるとなると、若い夫婦にはやはり手が届きません。それなら、通勤に片道二時間もかかる郊外に家を建てるか、あるいは、狭くても職場に近いマンションを買うか、そういう選択肢になってくるでしょう。

そこで魅力的な手段が二世帯住宅というわけです。つまり親の土地を使い、親の世帯と子の世帯が一緒に住めば、土地代はかからないし、家を二軒建てるよりは、はるかに建築費が安く上がります。そのうえ、二世帯住宅であれば、住宅金融公庫や年金住宅融資などで割増融資も受けられるなど、経済的なメリットはかなり大きいといえるでしょう。

また、実際に住んでからの利便性というメリットもあります。つまり、どちらかの世帯が家を空けても安心ですし、子の世帯にすれば、たまには子どもを親に預けて夫婦二人だけで出かけることも容易にできます。それに親からすれば、いつでも孫の顔を見られるという楽しみもあるわけです。

さらに言えば、今は元気な親も、やがて高齢になったら介護の必要が出てくるかもしれません。そんなときも、二世帯住宅であれば安心なわけです。

さて、それでは二世帯住宅はどういうものをつくればいいのでしょうか。実は、この問いに正解はありません。二世帯住宅ほど、模範となるモデルがつくりにくい住宅は他にはありません。要するに、こればかりは、両世帯が徹底的に話し合って、それぞれが合意してもらうしかないのです。

一つ屋根の下に価値観の違う二つの独立した世帯が住むのですから、すべてを独立させて二つずつ設置して住むこともありうるでしょう。つまり二世帯が隣り合うマンションで暮らしているようなものです。しかし、これではせっかくの二世帯住宅にする意味が半減してしまうでしょう。階段もお風呂もキッチンも何もかも二つずつつくったのでは、経済的にもメリットは少なくなります。

全く逆に、例えば寝室だけは別にして、あとはすべて共用するという住まい方も可能でしょう。これは、かなり「同居」という色彩が強いものになります。

あとは具体的に話を詰めて考えていくしかないでしょう。

「何を共用にしたいのか」

「何は独立していなければいけないのか」

「玄関やキッチン、食堂、お風呂はどういうつくりにするのか？　お互いの世帯を行き来

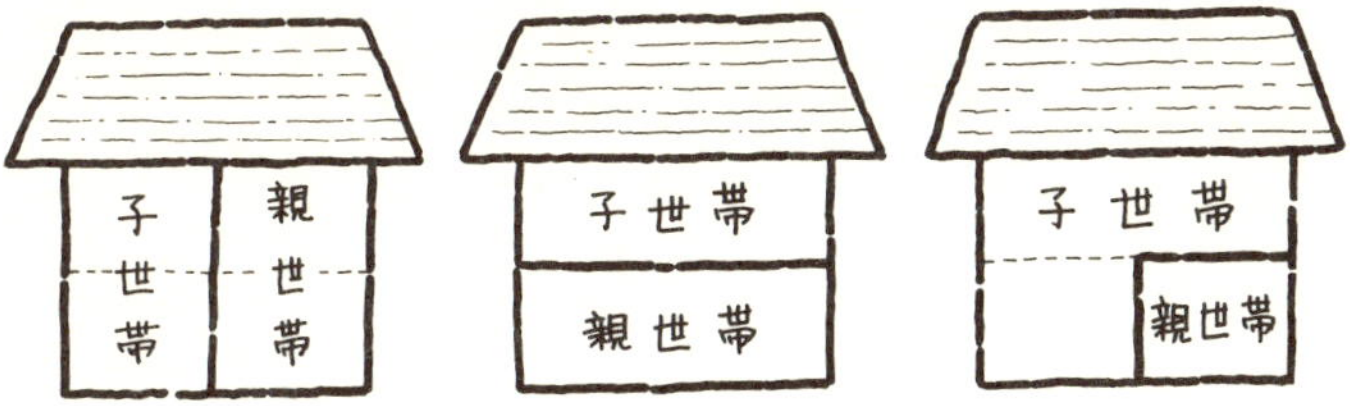

できるような扉などは必要か？　必要なら、それはどこに幾つ？」など、具体的に決定していただいて、初めて住宅メーカーとしては、プランを提示できるという段取りになるのです。

二世帯住宅を考える場合、家を縦に切るか、横に切るかというのも大きな問題です。縦に切るというのは、二世帯ともに二階建てにするということです。横に切るというのは、例えば一階は親世帯、二階は子世帯という分け方をいいます。

私は個人的には、将来の介護のことや、親の体力の低下を考慮すれば、横に切って一階に親世帯、二階に子世帯というのが二世帯住宅の基本ではないかと考えています。でもこれは、あくまで私個人の考えであって、これはやはり両世帯で決めるべき問題です。

しかし、土地の立地条件やそれぞれの好みもあるでしょう。話し合ったからといっても、なかなか理想通りには進まないことがあっても不思議ではありません。

ただ注意していただきたいのは、縦に切った場合、立地条件次第では、日当たりなどで、二世帯間に非常に大きな差が生じる可能性があるということです。例えば、東向き、あるいは西向きに道路と接しているような土地では、縦に切った二つの住宅は、南向きと北向きの二つになってしまいます。かたや明るく日が差し込み、かたや日が当たらない暗い家になってしまうのです。

仮にそうではなかったにしても、二世帯の接する面は、窓には使えません。通常の四角い家であれば、それぞれが三方向にしか、窓を付けられないという不都合が生じてしまうのです。

そこで威力を発揮するのが八角形住宅です。八角形住宅でも、接する面は使えないことには変わりありませんが、その他に五方向から七方向に窓をつくることが可能になります。つまり、先の例で北向きになってしまった方の家にも、南東や南西側からの日が入るような家をつくることができます。

さらに四角い家で縦切りの二世帯住宅をつくると、道路側に玄関が隣り合って並んでしまいます。だから何が悪いというわけではないのですが、一つの建物の正面に玄関が二つ並んであるのは、どうも見た目が良くないと思う方もいらっしゃいます。そうした場合に、八角形住宅であればお互いが見えない方向に玄関をつくることも可能です。

つまり、八角形にしておけば、さまざまなニーズに応じた対応が可能です。だからこそ二世帯住宅のように、複雑なニーズをどちらも満足させなければならないようなケースでは、八角形住宅はその威力を発揮するのです。

ということは、二世帯が三世帯とさらに複雑になれば、それだけ八角形の威力を発揮できる場面もさらに増えると考えてよいのではないでしょうか。

脱四角形住宅は若い女性社員のアイデアから

以上、四角い家にとらわれずに、八角形という柔軟な発想を取り入れた「八角形住宅」というものが、どれだけのメリットをもたらしたかということを、ざっと見てきましたが、この自由な発想が、当社の商品になっていった経緯を簡単にお話させてください。

実は八角形住宅とは、一女性社員の、まさに自由な発想から誕生した住宅です。今から二十年も前のことになりますが、彼女が持ってきた図面を初めて見たとき、

「これは四角いという住宅の常識をうち破る、住宅の革命になるかも知れない」

と直感しました。

日頃から、より安く、より高品質な住宅はできないものかと模索していた私は、

「良いアイデアがあったら提案して欲しい」

と社員たちからアイデアを募集しておりました。その当時当社は、製材と外壁屋根工事の会社で、特に屋根工事では受注量日本一を誇っていました。しかしこれからは
「もっとクリエイティブな仕事じゃないと、若い社員には夢がなさ過ぎる。もっとクリエイティブな仕事をさせたい」

そういう差し迫った願いから、社員に自由なアイデアを求めたのでした。

そして社員から出てきたアイデアの一つが、この八角形住宅だったのです。当時二十三歳の女性社員が持ってきたアイデアです。アイデアの段階から、八角形住宅は、ローコストの住宅になることは目に見えておりました。同じ面積の家を建てるのに、八角形の方が四角よりも外壁の材料が少なくて済むのです。外壁で浮いたコストを、品質向上のために使っていけば、同じ価格で質の高い住宅が実現します。

「よし、これでやってみよう」

こう決断するのに、それほどの時間は必要ありませんでした。

ところが、実はそこからが大変だったのです。住宅自体がユニークすぎて、役所の建築

許可がなかなか出なかったのです。それもそのはず、それまでの住宅というのは、縦と横の組み合わせだけでできていましたが、この八角形の住宅には、それに加えて、斜めの壁があるのです。

斜めの壁を高い精度で施工できるのか、斜めの壁は十分な強度があるのか、そういったデータは過去には全くありません。そこで、当時の東京大学の杉山英夫教授や、静岡大学の有馬孝禮助教授のご尽力で、研究に費やすこと五年。その間、より精度が高くローコストの施工法や、四角い住宅よりも強度のある壁をつくることに成功いたしました。

建築許可はもちろん、この八角形住宅は、現在、日本、アメリカ、スイス、ドイツなどで特許を取得しているほか、百件を超す意匠登録も取ることができました。こうして、一人の若き女性社員のアイデアが、とても魅力的な住宅として、日の目を見ることになったのです。

住んで初めてわかった「八角形」の素晴らしさ

八角形住宅のデビューは華々しいものでした。テレビや雑誌、新聞の取材が相次ぎ、富

士山の裾野につくった住宅展示場にも、わずか一週間で三千人を超える入場者がありました。対応に当たった女子社員二人が倒れるほどの盛況ぶりだったのです。しかし、その頃は、まだ誰もこの八角形住宅の本当の良さはわかっていなかったのです。なにせ開発した私たちでさえ、気付いていなかったのですから。

当時は、

「従来の住宅以上に地震や風雪害に強い」

「個性が豊かでユニーク」

「同じ価格で質の良い丈夫な家」

というのが八角形住宅の売り文句でした。ところが、その後

「やはり開発者が住んでみないことには、商品の良さをお客様に説明できないだろう」

と考え、家族の大反対を押し切って、私は八角形住宅の第一号に住むことにしたのです。

住み始めてすぐに、まず私の母が

「前の家より明るい家だね」

と一言。それを皮切りに、それまで気付いていなかった八角形住宅のメリットが、家族の口から次々と飛び出してくるようになりました。妻は

「前の家より掃除がしやすいし、疲れないわ」

「光熱費がどうしてこんなに安いの」

娘たちは
「前の家より外の騒音が聞こえないね」

といった具合です。

このような住んでみてわかった八角形住宅の良さは、このあと順に述べていきますが、こうしたメリットはすべて四角ではなく、八角形という形が本来持つ特性であることがわかったのです。その後、家族はみんな八角形住宅の住みやすさに惹かれ、今では妻も
「前の家より、この家の方が住み心地がいいわね」

などと言い始めています。

ついでに私自身の感想を語れば、八角形住宅の最大のメリットは、八面に窓がとれることによる開放感ではないかと思っています。窓を開ければ、一日中自然の風が吹き抜け、自然と共に暮らしていることを実感させてくれます。この開放感のためか、「もう四角い家には住めないなあ」

と感じているほどです。

いま思うと、私自身も八角形住宅というものを開発し、人に売りながら、どこかで「家は四角いもの」という固定観念に縛られていたんだなあと思います。現在、八角形住宅は、日本全国に二万戸以上建っていますが、そこにお住まいの方々からも、次々と住み心地のよさを伝えるメッセージが届いております。

オーナーに聞いてみました

ここまで読んでいただいて、八角形住宅についてはかなりご理解いただけたのではないかと思います。自分の家を、自由な発想で夢のあるものにつくりあげていくというイメージも少しは描くことができたのではないでしょうか。

しかし、私が一方的にご説明するのも情報としては信頼度に欠けるでしょうから、ここでは実際に八角形住宅を建てて、現在住んでいる方々にご登場願いました。住宅選びには、実際に住んでいる方の声を聞くほど、参考になるものはないと思います。

「なぜ八角形住宅にしたのか」

「どういう点で工夫し、苦労したのか」

「実際に住んでみて、どうなのか」

など、正直なところを語っていただきました。是非、ご参考にしていただければと思います。

『変形地を最も有効に活用できるプランでした』～神奈川県・前田邸～

「八角形住宅との出会いは、軽い気持ちで立ち寄った住宅展示場でした。それまでは、特に八角形住宅にこだわりもなく、強い持ち家願望があったわけでもなかったのですが、グイグイ引っ張る、若い女性営業マンの熱意に負けましたね」

と話す前田さんご夫妻は、子ども二人の四人家族。初めて展示場に足を運んでから、わずか二カ月で、契約成立しました。

「決め手になったのは、やはり東西南の三方向を隣家に囲まれ、北側に変形して向いている厳しい土地条件の中で、もっともこちらの要望が実現できる家が八角形住宅だったということですね」

――家を建てる際に、工夫したポイントはどこですか？

「一階に寝室、二階にリビングを配置するという逆転の発想をしたところです。これで、三方に隣接する家からの視線をうまくはずすことができました」

――実際に住んでみて、いまどんな感想をお持ちですか？

「私は、リビングルームの勾配天井が気に入っていますね。室内がゆったりと開放的に感じられるんですよ」

とご主人。一方の奥様は
「細かいことなんですが、玄関ホールへの上がり框《かまち》が斜めになっていて、ホールに奥行き感ができて良かったなあと思っています。それから、階段の手すりも圧迫感がなく、ゆったりしていて満足しています」

――八角形住宅にしてよかったと思うことは何ですか？

北向きの土地でも、南から採光できる前田邸

「北向きで住宅密集地という、制約の多い変形地でも、南側からの採光が得られたということ。それに斜め方向に窓を付けることで、うまくプライバシーを守ることができたという点ですかねえ」

——これから家を建てられる方に、後悔しない家づくりをするポイントをアドバイスしてください。

「まず、要望や条件にはっきりと優先順位を付けておくということですね。それを限られた予算の中で、どう実現していくかを営業マンにぶつけ、納得いくまでじっくりプランを練り上げるということだと思います」

前田さんのお宅は、サンデッキやベランダにガーデニングを施し、個性をうまく演出しているという印象を受けました。

『喫茶店なので、どうせなら変わった家を』〜東京都・角田邸〜

東京都荒川区にお住まいの角田さんは、喫茶店に賃貸住宅、それに住まいと、八角形住宅を多目的に活用されています。

——そもそも八角形住宅をお知りになったきっかけは何だったんでしょうか？

宣伝効果の高い八角形のコーヒーショップ兼用住宅（角田邸）

「前の家は築三十年だったので、そろそろ建て替えて喫茶店を始めようと思っていたところだったんです。どうせならちょっと変わった建物をと考えていたときに、八角形住宅を知りました」とご主人が話せば、

「図書館で八角形住宅の本を読んだのがきっかけでした。デザインもいいし、女性が活躍している会社で面白いと思いました」と奥様。

ちょうどいいタイミングで八角形住宅の本を手にされたようです。

——最終的に八角形住宅に決めようと思ったポイントは、何だったのですか？

「地震に強いという安全性。それにプランの内容が気に入ったことです。阪神大震災を見ていて、ここ荒川も地盤がゆるく、地震に弱い土地柄なので、まずは建物の構造が地震に強いことを一番の条件として考えていました。プラン面では、東京では家を建てるときに少しでも広い家にするため、普通は道路ギリギリまでに四角い家をつくろうとするんですが、それでは緑が全然なくなってしまうと思いましてね。そんなとき、八角形住宅の営業や設計の方が、若い感覚と女性の柔らかな発想で、こちらのほしがっているプランを提案してくれました。無駄な空間イコールゆとりの空間、そういった感覚をよくわかっていただけたのがよかったと思います」

――喫茶店ということですが、お客様からは何か言われることはありますか？

「結構、評判がいいようですよ。まわりの街並みにも溶け込んだ建物だとも言われます。変わった建物だからと、それだけで興味を持って来てくださる方もいらっしゃるし」

――お住まいとして使っている方はいかがですか？

「明るい家が欲しかったから、とても気に入ってます。風通しもよくて、夏もクーラーはほとんど使いませんね」

――これから家を建てる方に、アドバイスはありますか。

「家は高い買い物なので、安全性とアフターメンテナンスが大事だと思います。うちは、定期的に電話や訪問をしてもらって何でも相談できるので、本当に助かっています」

『地震に強く、自分らしさを主張できる家を希望してました』〜静岡県・太田邸〜

太田さんご夫妻は、温泉で有名な静岡県の熱川にお住まいです。家族はご夫妻に祖母、子ども一人の四人家族。床面積六二・三八坪の家を建てられました。

——八角形重住宅を知ったきっかけは何だったんですか？

「私は新聞記事で見て知っていましたが、妻は通りがかりに実際に見かけて、何となくこういう家がいいなあとイメージしていたようです」

——では、その後、お決めいただいたポイントは何だったのでしょうか？

「これまで住んでいた家が古くなり、群発地震で少々傾いていたのです。だから、建て替えるならまず地震に強いということ。そして、この辺では見かけないような自分らしい家を希望していました。そうしたところ、モデルハウスを見て、すぐにこれだ！ と思いましたね。和室のデザインや、角のスペースの活用など素晴らしい家だと思いました。もう他社のモデルハウスを見ても仕方ないと思うほど気に入ってしまいました（笑）。ただ、住んでいる家があったので、急がずにプランからスタートしました」

——実際にお住まいになっていかがでしたか？

「前の家に比べて、動きやすさが抜群です。しかも日当たりと風通しは期待以上。冬は暖房をほとんど必要としませんね。訪問された方からも暖かい家ですねとよく言われます」とご主人。

「収納が多いことが大満足です。四角い家だと、収納スペースのためにわざわざ空間を割くという気がするけど、わが家の場合はちょっとしたスペースが無駄なく収納場所になっていて、とても便利です」と奥様。

――特に気に入っているところはどこですか？

「たくさんあります。動きやすさ重視の間取り、広い廊下、玄関の吹き抜け…。設計者の方と何度も打ち合わせをし、考えながら自分の家をつくっている過程自体が楽しかったですね」

「地震に強い」を最優先した太田邸

――これから家を建てる方へ、何かアドバイスをお願いします。

「いろいろな家を見ること。勉強すること。住んでいる人たちに聞いてみること。そうすれば、きっと自分らしい手作りの家が見つかると思います」

自分のアイデアをぶつけながら、家づくりそのものを楽しんで夢を実現した太田さんご夫妻ならではの貴重なお話です。

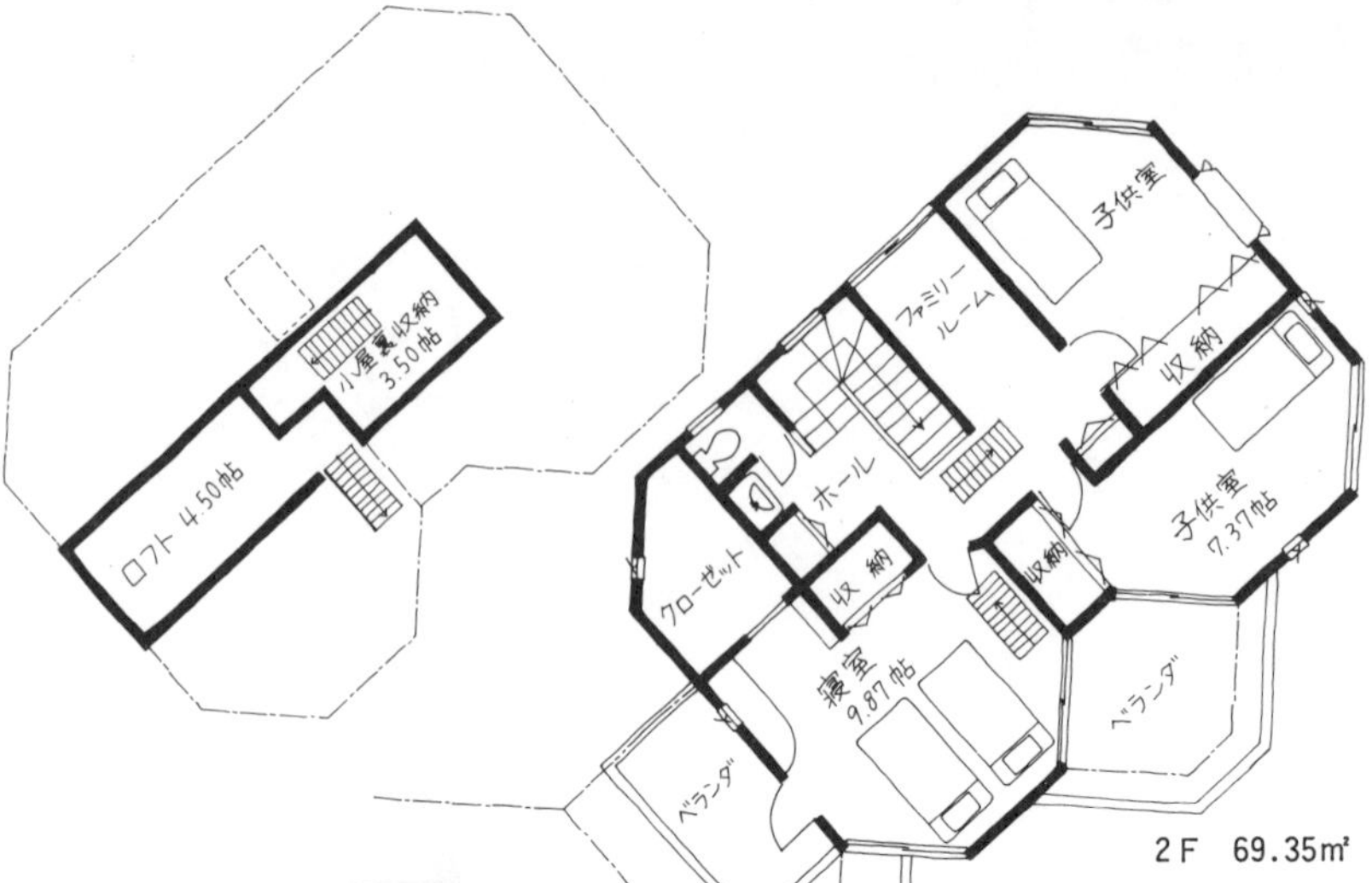

●八角形住宅のモデルハウス

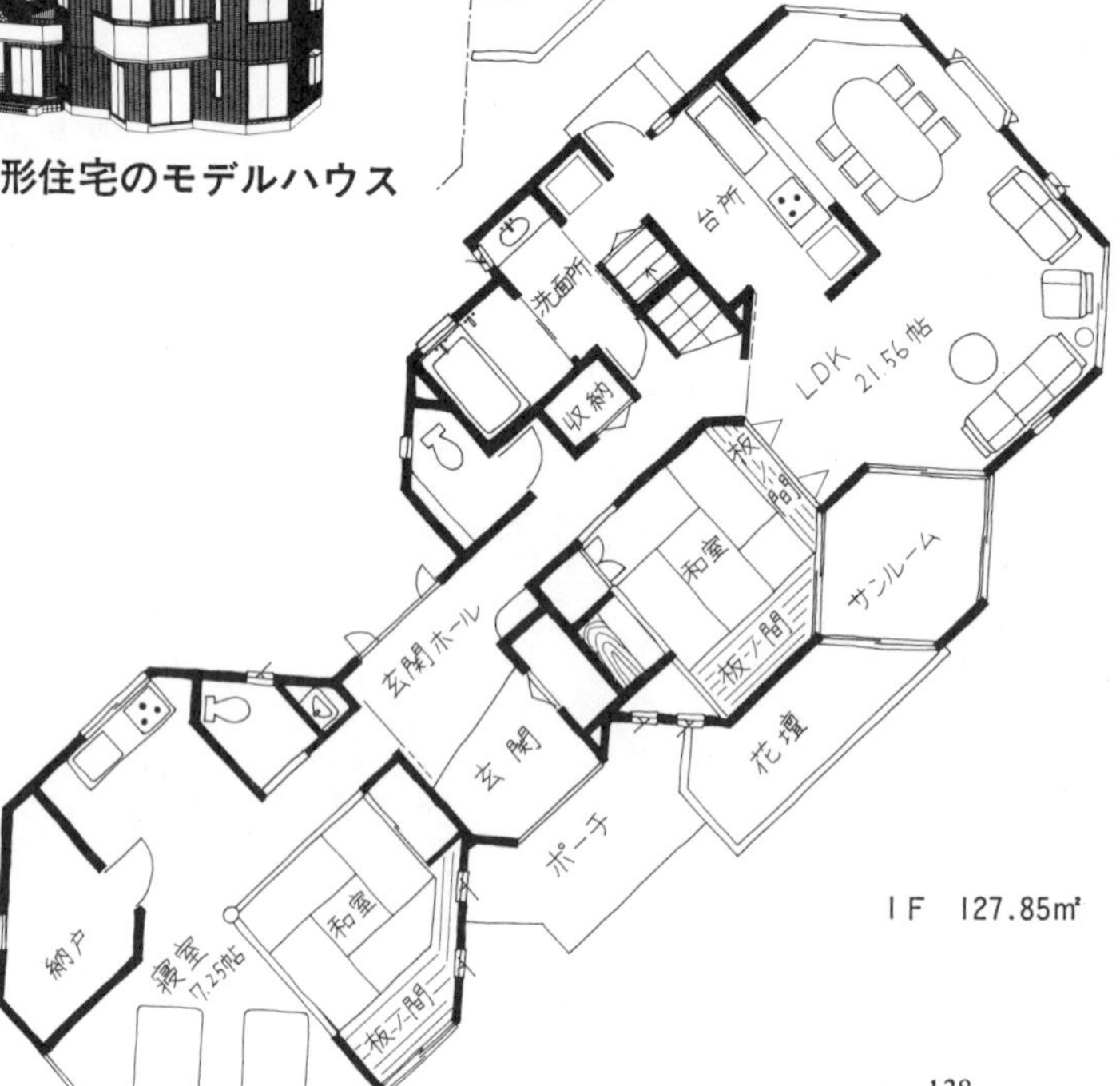

第五章　海外で見つけた日本向きの家

輸入住宅は自由な発想の先生になる!?

これまでの日本での住宅にとらわれない自由な発想で家を考える。そのために一つとても参考になるのが、輸入住宅ではないかと私は思います。

住宅は、その国の文化です。ですから、輸入住宅の背景には、その国の文化や風土が、見事に生かされているわけです。そういう意味では、まるっきり日本の住宅とは、初めから発想が違います。この違いのいいところを、自分の家づくりに利用していけば、とてもユニークな発想の家が誕生するでしょう。

実は、当社では、主力商品の八角形住宅のほかに、フィンランド住宅の輸入販売もしております。その経緯は、後述するとして、ここでは、自由な発想という点から、フィンランド住宅という輸入住宅を吟味していきたいと思います。

ところで、わが国は、世界一の高齢化した社会です。家を建てるときに、自分の老後のため、そして両親の介護のため、高齢者にとって優しい家を考えるということは、間違いなく必要なことでしょう。では、そのために何をすればいいのか。どういうことに気を付けて家を考えればいいのか。その模範解答が、フィンランド住宅にあったのです。

フィンランド住宅の特徴は、高断熱・高気密の工法、そして徹底した室内の温度や湿度の管理にあります。もともと、非常に厳しい北欧の気候の中で、いかに誰もが快適に暮らせる家をつくるかということから、こうした設計思想が生まれたのだと思います。それが、そのまま高齢者に優しい家にピタリと当てはまるのです。

しかも、フローリングで段差のない床、自然素材をふんだんに取り入れた内装、モジュールが違うために日本住宅より広い廊下等々、そこには、生活する上での障害を排除するバリアフリーの思想が、ごく自然に採用されています。

こうした輸入住宅の発想を研究すれば、あなた自身の自由な家づくりの発想が豊かになること請け合いです。以下、フィンランド住宅の思想を一つの例として、詳しく見ていきましょう。

ケタ違いの高断熱・高気密

フィンランド住宅の最大の特徴は、高断熱・高気密設計です。

高断熱というと、断熱材をどれだけ入れているかということが気になると思うのですが、フィンランド住宅に使われている断熱材の量は、本当に半端ではありません。

例えば、日本のツーバイフォー住宅では、外壁に四十五ミリ、天井に八十五ミリの断熱材を使うのですが、フィンランド住宅では、それぞれ百四十ミリと二百ミリとまさに桁違いに多く入っています。そして特に床下の断熱材に至っては、日本の四十ミリに対してフィンランド住宅では二百ミリ。実に五倍も厚く使われているのです。

だいたい日本では床下に断熱材を入れるということさえ、つい数年前まではなかったわけで、ある意味では畳が断熱材の役割を果た

していました。

それが昨今のフローリングブームで、畳をやめて、そこをフローリングにしただけで、断熱材という発想は生まれなかったのだろうと思います。断熱材どころか、フローリングの下に捨板すら張ってないことも珍しくないというのが、日本の実情だと思います。

それに対して北欧系の住宅は、だいたいどこも床下の断熱は充実しています。やはり基本的にとても寒く厳しい自然環境が、このような違いを生み出しているのでしょう。

日本では断熱材は、逆に床よりも天井に多く入っています。これは日本の場合、断熱材は寒さではなく暑さを室内に入れないというのが目的だからです。

フィンランド住宅は、構造材自体が非常に断熱効果の高い木材を使用しています。そこに前述したような分厚い断熱材をふんだんに使い、床から壁、さらに天井と、家全体をすっぽりとくるんでしまうのです。これによって、日本住宅では考えられないくらいの高断熱が実現できるのです。

高気密に関しても、フィンランド住宅には決して手抜きはありません。もともと枠組壁工法なので高い気密性が発揮されやすいのですが、それに加えて、徹底した施工管理体制をとっています。

「とにかく板と板の隙間からコンセントまで、穴という穴、隙間という隙間が二重構造になっていて、コンセントにしても、本当にコードの通る分だけの穴しかあいていないのですよ。外側のプレートにはパッキングがきちんとしてあり、空気は漏れません。そのため気密のための工事は細かくなって、ひたすら大変です」

これは、当社の担当者の言葉ですが、そのくらい徹底して気密性にこだわった結果、熱損失係数という、熱が家の中から外へ逃げる量が、日本の新省エネルギー基準の、実に四分の一という数値を記録しています。

フィンランド住宅は、さらに外壁の構造まで徹底しています。日本は雨が多く、湿度の高い国なので、湿気によるカビや結露による家の耐久性の低下などには神経質にならざるをえません。特に、外壁の内側に結露すると、それは建物を中から腐らせてしまう原因にもなります。

フィンランド住宅では、外壁の内部に通気層を設け、内部の湿気をその通気層を通して放出するという外壁内通気の構造を採用しています。これで、外壁内部の結露を防ぐだけでなく、この空気の層で断熱性能もさらにアップしています。

高断熱・高気密であれば、必然的に防音効果も高い家になるものですが、ここで一番問題になるのが、窓などの開口部です。

フィンランド住宅の窓は木製のサッシです。木製の窓枠は、アルミなどの金属製のものより熱伝導率が低いので、外気の温度を伝えません。しかも、その施工には万全を期していますので、気密・断熱とも非常に性能の高いものになっています。

しかもガラスは三重構造。窓を閉めると、外の騒音とは全く別世界の室内の住環境が実現できます。

ちなみに、この木製の三重ガラスサッシは、片手でも簡単に開閉ができ、クルッと百八十度回転するので、外側のガラスの掃除も、室内に居ながらすることができるスグレモノです。

最大の特徴は24時間冷暖房換気システム

前章で説明しましたが、当社が扱う八角形住宅は、自然の日当たりと風通しの良さで快適な住環境を実現するというものでした。ところが、ここでご紹介しているフィンランド住宅は、その八角形住宅とはまさに正反対のコンセプトを持つ住宅と言ってもいいと思います。

つまり、自然を重視する八角形に対し、フィンランド住宅は、徹底して人工的な快適さを作り出そうとする家だからです。

その人工的なコントロールの象徴が、この二十四時間冷暖房換気システムでしょう。実際にモデルハウスを見ていただければわかるのですが、フィンランド住宅の室内には、各部屋に二カ所程度の空気の吹き出し口と、一～二カ所の吸気口が配置されています。

外から取り入れられた空気は、フィルターを通して花粉やホコリなどが徹底して取り除かれ、冷房あるいは暖房として、室内に吹き出されます。吹き出し口は、部屋だけでなく、廊下や階段など家中にまんべんなく配置されていますので、家の中には温度差が生じず、どこも一様に快適な空間が実現します。

吹き出された空気は、わずかな流れとなって家の中を回り、最後には吸気口から吸い出され、外に排出されます。湿度や気温も、設定した通りに廊下やトイレ、洗面所でも一定に保たれます。

このシステムのメリットは、家の中はどこでも温度差がなく一定の快適さを保っているので、高齢者にとてもやさしいということでしょう。しかも普通のエアコンのように、強

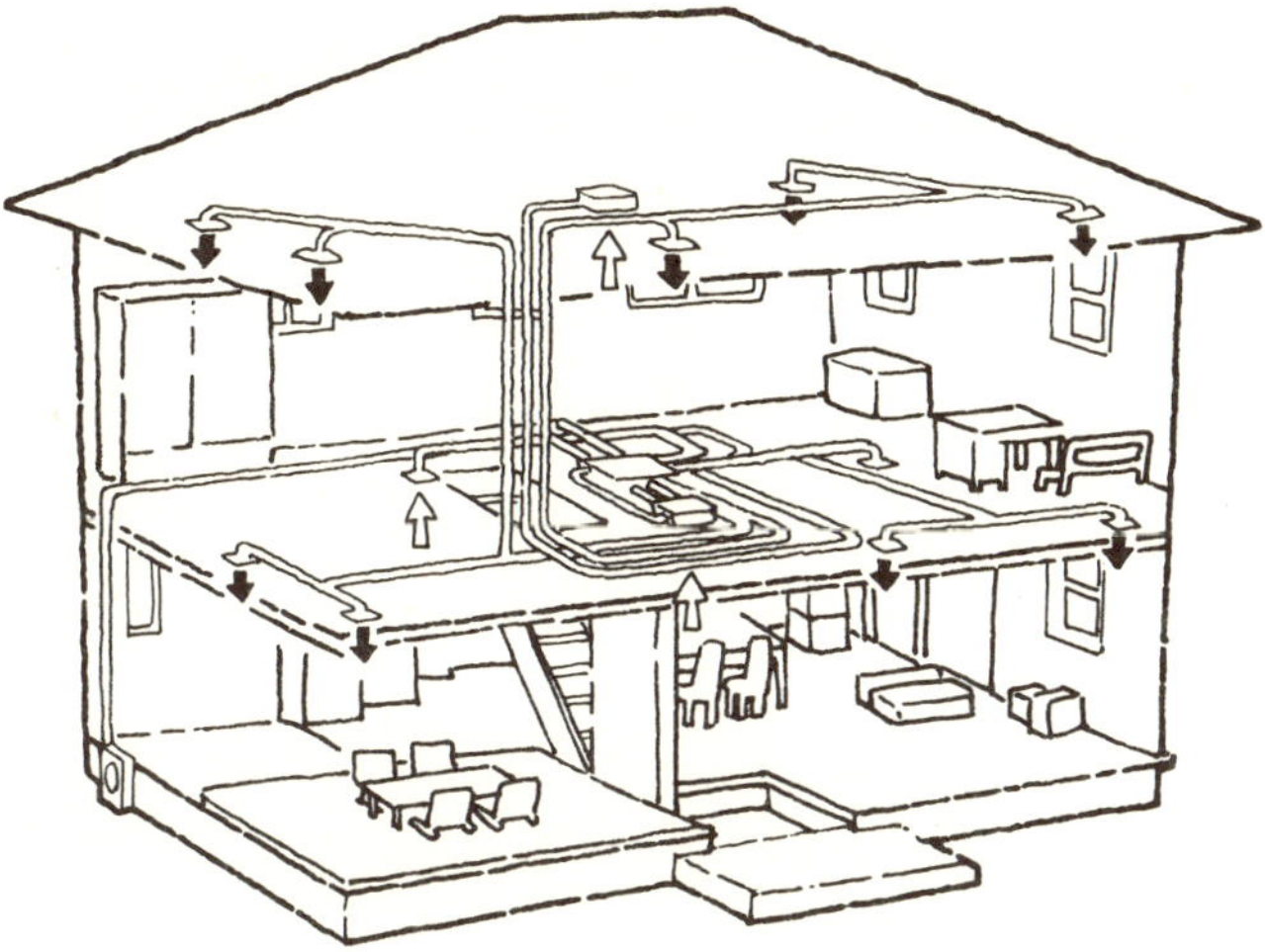

い風が身体に吹き付けるということが全くありません。
　また湿度をきちんと管理できるので、カビやダニも発生しにくく、アトピーやぜんそくにとても効果的です。もちろん、高気密のこの家の中は、花粉など全く寄せ付けません。
　家の中には天然のムク材をふんだんに使用していますが、温度と湿度が一定に保たれているので、木材にゆがみが生ぜず、いつまでも精度のいい建て付けが維持できるのです。
　逆に、このシステムのデメリットは何でしょうか。一つは、窓を開けられないという点でしょうか。せっかく高気密で室内の空気を二十四時間コントロールしても、窓を開ければそのとたんにすべて無意味になってしまいます。

それから、第三章で書きましたが、あまりにもクリーンにしかも快適に保たれた部屋で子どもが育てば、結果的に抵抗力や耐力がつかないのではないかという心配も出てくるのは事実です。

あとは、二十四時間三百六十五日の冷暖房換気システムで、電気代がいくらかかるかが気になるということくらいでしょうか。実際、モデルハウスでは、一年間のこのシステムにかかる電気代は、約十五万円程度になります。

この電気代を少しでも節約し、省エネに寄与するため、当社ではオプションとしてこの冷暖房換気システムにソーラー発電システムを組み合わせるプランも用意しております。

このようにフィンランド住宅とは、ある意味では大幅にハイテクを駆使した住宅といえるでしょう。気密性に断熱性、換気システムの効果など、すべてを数値化して性能を表すことが可能です。そのためか、この住宅を購入するお客様には、一つの似通った面白い傾向があるようです。

それは、三十歳代の理系の男性で、やや所得の高い層が多く、スペックを見て、住宅を決めるというタイプなのです。ちょうどクルマを買うときに、馬力とかトルクとかサイズとかを見て決めるように、彼らは家を選択していきます。もしあなたがそのようなタイプであれば、フィンランド住宅がきっと好きになるかもしれません。

骨太構造で抜群の耐震性と耐火性

繰り返すようにいわゆるツーバイフォーという工法は、枠組壁工法で、その壁の枠材の太さがツーバイフォー（2×4）、すなわち三十八ミリ×八十九ミリのものをいいます。フィンランド住宅は、同じ枠組壁工法ですが、枠材の太さは2×6、三十八ミリ×百四十ミリと実に骨太です。断面積比で、ツーバイフォーの一・六倍も太い枠材を使用しているということになります。

しかもこの枠材に使用されている木材は、北欧の寒気に鍛えられ、年輪がぎっしりと詰まった良質さを誇ります。

この枠材の太さと質の良さが抜群の耐震性を発揮させ、枠が太い分、パネル内に大量の断熱材を入れることも可能にしているのです。

そもそも枠組壁工法は、木造軸組工法に比べて耐震性が高い工法です。その秘密は壁、床、天井によって組み立てられた六面体の箱形構造にあります。

地震が起こると、その揺れはまず床面に作用し、それが耐力壁に伝わっていきます。そこで六面体の箱形構造では、その力が一定部分に集中することなく、バランス良く分散されるのです。そのため横揺れが小さく、とても安全な構造だと断言できるでしょう。

さらに2×6工法では、構造材を独自の構造金具や釘で固定するため、一層地震や風、その他の負荷に対して強度を強められます。

のみならずフィンランド住宅の2×6工法は、火災に対して極めて強い「準耐火構造」になっている事実が認められています。

2×6工法は、構造体の組み合わせにより、

2×4工法

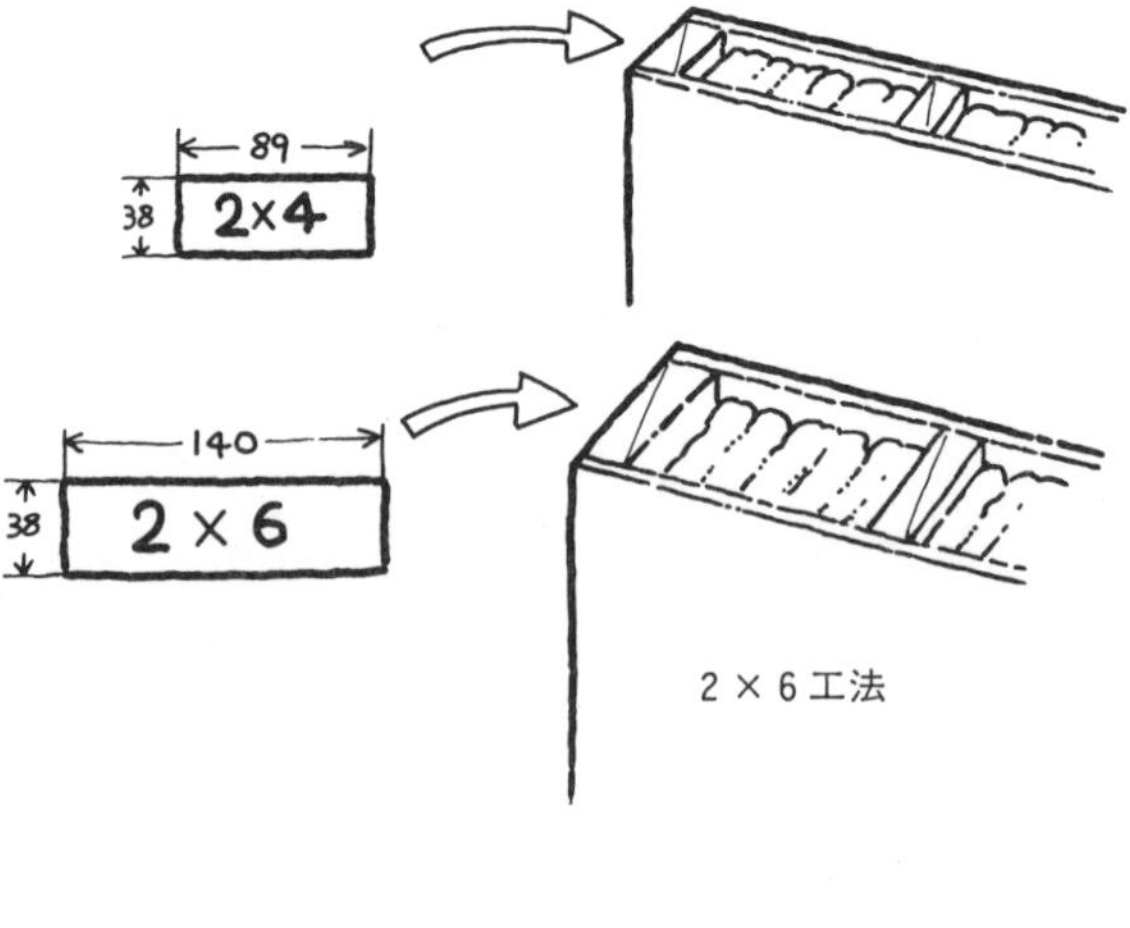

2×6工法

各部が密閉された空間で構成されています。このために燃焼に必要な空気（酸素）の供給がストップするので、火が回りにくくなるのです。同時に床や間仕切りなどの接合部には、ファイヤーストップ材を使用し、火の移動を遅らせています。

加えて構造材を火災から守るために、壁や天井の全面に厚さ十二・五ミリの石膏ボードも張りつめています。石膏ボードは約二十一パーセントの水分を含み、火災が発生したときには、その熱で水蒸気が発生し、燃焼が広がるのを食い止める機能があります。

このように構造的にも素材的にも、防火の対策に万全を期していることがおわかりになったことと思います。

木のぬくもりとゆとりの設計

先ほど、フィンランド住宅は、ある意味で非常にハイテクを駆使した住宅であるという解説をいたしました。しかしその反面、天然木をふんだんに配し、木の香り漂う自然志向の家でもあるのです。

これは一見、矛盾するように思えるでしょうが、矛盾というよりは、ハイテクのいい部

分と、自然のいい部分をそれぞれ取り出して、いいところだけを集めた家という方がより正確な表現なのかもしれません。

床材はもちろん、室内の壁にパイン材等のムク材を使用したフィンランド住宅は、中に入ると、一瞬ログハウスにでもいるような錯覚すら覚えます。天然木の持つ独特の暖かさと清潔感があり、色つやも美しく、肌触りも柔らかです。また、木が本来持っている調湿効果は室内に適度な湿度を保つのを助け、人の健康に役立つ森林浴のような効果すら期待できるのです。

こうした人への優しさは、素材だけでなく設計思想にもしっかり反映されています。すなわちフィンランド住宅は、バリアフリー住宅としても非常に進んだ住宅です。

北欧諸国は、ご承知のように社会福祉が非常に充実していて、住宅におけるバリアフリーという考え方も随分と早くから取り入れられ、義務づけられてきたのです。ですから、今さらとやかく言わなくても、ごく当たり前に、高齢者に優しい家づくりを実現しているのです。

日本は、いまや世界一の長寿国となりました。しかし、住宅だけでなく、街全体、そして社会全体のバリアフリーに対する意識はまだまだ遅れているのも事実です。フィンランド住宅は、これからバリアフリー住宅を建てようと考えている方にとっては、学ぶべき点がまだまだ多い住宅ではないかと自信を持っています。

具体的に説明すると、まず、フィンランド住宅では、メーターモジュールですから、廊下の基本幅は一メートルになっています。これは車椅子でも楽に通行できる配慮がされています。また、出入り口の床段差はすべて解消されています。

また、危険個所である階段は、勾配ができる限りゆるやかに設計され、手すりを付けて転落や転倒の防止をしています。さらに夜間の昇り降りでの視力の低下を考慮して、足下灯も設置。階段の安全性には十分な配慮がされています。

さらにバスタブは、無理なく入れるような高さにセットされ、洗面所やトイレにも十分な広さが確保されています。こうした心地よさは、長く住めば住むほど実感できるもの。フィンランド住宅を見ていると、バリアフリー住宅とは、結局すべての人にとって優しい住宅なのだということが本当によくわかります。

なぜフィンランド住宅だったのか

それでは、当社がなぜ「フィンランド住宅」の輸入販売をしたのか、その経緯について、簡単にお話しさせていただきます。実際、

「どうしてフィンランド住宅だったのですか」

とよく聞かれるのですが、実のところ、それほど深い理由はないのです。

「十数年、八角形住宅をやってきて、やっと軌道に乗ってきた。それで八角形住宅だけではなくて、何かもう一つ欲しいな」

と思っていたのです。

そんな時、たまたま北欧フィンランドに特許を持っている関係で、現地で仕事をしてみ

ると、フィンランドという国は国民性なのか、とてもまじめでウソのない国だということがわかったのです。

そこで日本での輸入住宅の当時の状況を見回してみると、多いのは圧倒的に北米系でした。北米系の特徴は、とにかくデコレーションが派手なこと。階段の手すりも、バルコニーも、色だけでなく形も、本当に個性の固まりのような飾り付けがしてありました。

でもちょっと想像して欲しいのですが、そういう派手な住宅に、日本人が合うと思いますか。私には、どうしても家と人がフィットしていないとしか思えなかったのです。一方で、北米系以外の輸入住宅となると、北欧系が少しずつ入り始めておりました。

「よし、それなら私はフィンランドでいこう。これならデザインもシンプルだし、日本人にもきっと合うだろう」

そういうわけでフィンランドから家を輸入することにしたの

アメリカ

北欧

です。

輸入とはいえ日本風にアレンジが必要

ところで、みなさんの家の玄関のドアは、どちらに向かって開くでしょうか。おそらく九十九パーセントの人は「外側に向かって開く」と答えるはずです。

実は、ドアの開け閉めに関して、欧米と日本では完全に感覚が違います。日本では、外の雨やほこりを家の中には入れないように、ドアは外に向かって押し開きます。ドアに付いた雨粒なども、これで玄関に落ちることはありません。

ところが欧米では、玄関のドアは、お客さんを家の中に招き入れる扉なのです。ですから、当然ドアは家の中に向かって、引いて開けることになります。

もし、ドアや窓が全部、家の中に向かって開くようになっていたら、あなたはそれに馴染めるでしょうか。まずそれ以前に、日本の住宅では玄関が狭いので、中に向かって開けてしまうと、靴を脱ぐ場所がなくなってしまうという悲しい現実もあることでしょう。それは別としても、やはり外開きじゃないと馴染めないのではないでしょうか。

初めにフィンランド住宅を輸入したときに、実はドアや窓はすべて家の中に向かって開くタイプだったのです。そこで、どうしようかと悩んだのですが、これだけは日本人には慣れるのは無理だろうと考え、商品化にあたって、ドアは付け替えることにしたのです。つまり、窓、ドアはすべて外開きにしたのです。そして輸入販売を開始しました。

販売すると、すぐにお客様からクレームがありました。今度は、

「窓に網戸を付けて欲しい」

というのです。

前述した通り、フィンランド住宅は、高断熱・高気密なうえに、二十四時間の完全空調なので、本来窓を開けるという使い方はしません。ましてや網戸を付けるなんてことは、全く考える必要もないことなのです。ところが、いきなりそのクレームです。

やはりその国の文化とか習慣は、そう簡単になくなるものではありません。いくら生活が欧米化しても、変わらないものは変わらないのです。日本の住宅というのは、やはりオープンで自然と融和する方向にあるのだということを、フィンランド住宅から改めて教えられました。

やはり、風呂上がりには浴衣。窓を全開にして、縁側で蚊取り線香にうちわ。それが日

本住宅なんだということを、つくづくと感じさせられました。

　こんなクレームも寄せられました。

「窓が開かなくなるのですが、修理してもらえるだろうか」

　フィンランド住宅の窓は、木製のサッシでガラスは三重になっています。木製のサッシは実際に膨張したり縮んだりするので、気密性の高いギリギリのサイズでつくっていると、多少の引っかかりでも開かなくなったり、閉じられなくなったりすることがあります。

　しかし、これも原因は網戸と実は一緒なのです。つまり二十四時間空調システムのフィンランド住宅では、室内の温度や湿度はいつでも一定なので、木製のサッシとはいえ、開かなくなったり閉じなくなったりすることはないのです。開かなくなったりする原因は、実は常時窓を開けて使っているということに他なりません。

　さらに、もう一つ別の理由も考えられます。二十四時間空調システムは、一年三百六十五日このシステムがノンストップで稼働しています。要するに本来は年がら年中、空調は入れっぱなしにしておかなければいけません。しかし、こういうのも、どうも日本人にはなかなか馴染めないようなのです。スイッチを入れっぱなしにできないですね。

「夜は空調を切る。あるいは、春や秋など過ごしやすい気候の日には、空調を入れない」

冷暖房はオフにしてもいいのですが、換気システムは常にオンでなければダメなのです。貧乏性なのかケチなのか、いずれにしてもこのようにすべての空調を切ってしまう人が少なくないようです。

このように窓を開けたことが原因となるこうしたクレームについて、どう対処すべきか考えました。でも結局は、サッシに網戸を取り付け、さらに木製サッシ自体も材料はフィンランドのものを使い、日本で組み立てて精密な日本製の金具を使い、それで微調整ができるように変えたのです。

そうすることで、フィンランド住宅と日本住宅の美味しいところだけを折衷したような、現在の「日本仕様フィンランド住宅」が完成したのです。

住む人主体の自由なプランをサポート

フィンランド住宅のデザインは、非常にシンプルです（前出のイラスト参照）。これは北欧の家具のデザインにも当てはまるのですが、クセがなく清潔感があり、誰からも好かれる自然なデザインです。しかし、そうはいっても日本の住宅の中に建っているとやはり目立ちますが、上品な個性を主張しています。最近は、フィンランド住宅以外にも、北欧系の輸入住宅を見かけるようになりましたが、やはりそうしたさりげない個性が、このこだわりの時代にマッチし、徐々に受け入れられてきているのではないでしょうか。

フィンランド住宅では、あなたのそうした個性やこだわりを存分に生かせるように、「こだわり・プランシステム」という自由設計のプランを用意いたしました。

このプランは、いわば自由設計のサポートシステムともいうべきもの。もちろん全くの白紙から自由自在に設計できればそれでも構わないのですが、一般の人にとっては、それではかえって不自由な思いをすることになりかねません。

そこで、当社では三十タイプの外壁プランをあらかじめ用意して、玄関と階段の位置だけは固定し、「それ以外はあなたの自由な発想で間取りをつくってください」というシステムにしました。これが、「こだわり・プランシステム」なのです。

この「こだわり・プランシステム」を利用してみたいという方には、当社からA3判で七十ページほどの「プラン集&プランニングシート」をお渡しいたします。これには、三十タイプの外形プランや室内に配置する設備機器などの大きさの目安、プランの創り方などが丁寧に説明してあります。使い方がわかったら、あとは自分のプランに合わせて自由な家づくりに取りかかるだけです。

そもそも、なぜ当社がこのようなシステムをつくったのかと申しますと、フィンランド住宅の購入者は、自分で紙に間取り図を描いて持ってくるという人がとても多かったからなのです。その上、どうも自分で図面を描いたりするのがお好きなようです。そしてまた、そこまでこだわりのある人たちなのです。

そうならば、最初から図面を描きやすい仕組みをつくっておけば、家のつくり手も不要な苦労をしなくて済みますし、設計を担当する当社としても、お客様の意図を正確に早く把握できるだろうと思いました。

ネットでフィンランド住宅を買おう

住宅メーカーにとって、展示場やモデルハウスを維持するコストは非常に大きなものです。ですから、もし住宅をインターネットでご案内して販売できれば、それは価格の上で大変魅力的です。モデルハウスの維持費やその他の営業コストを抑え、それを販売価格に反映させていければ、住宅購入者にとっても必ずやメリットになるでしょう。

当社では、現在ホームページ（http://www.finland-house.com）上で、フィンランド住宅の販売を始めました。最近、家を建てる人がその情報をインターネットで収集するケースがとても増えています。特に、フィンランド住宅のお客様は、その客層からインターネットに親しんでいる方がかなりの率で含まれていると考えられます。ネット販売をフィンランド住宅から始めたのは、そうした理由からなのです。

しかも、ほぼ規格品と言えるほど品質や施工技術が安定しており、広さや間取りといった仕様さえ確認できれば、実際に現物を見なくても売買がしやすい住宅ではないかと考えたのです。

契約までの商談は主にメールで済ませ、プランなどもオンライン上で操作できるようなシステムができれば、営業コストを格段に下げることが可能になります。それでより適正な価格で販売できるようになっていくのではないかと期待しています。

オンライン販売は、大手ゼネコンやハウスメーカーもテスト的に始めているところが相当数あります。インターネットユーザーは、住宅関係の広告のレスポンスがとても良いというデータもあるようです。

当社でも、お客様にメリットの多い、ネット販売のあり方を、今しばらくは試行錯誤していきたいと考えています。

オーナーに聞いてみました

八角形住宅同様、フィンランド住宅についても、やはり実際のオーナーの方の生の声を聞いていただくのが、家を買いたい方にとっては一番参考になると思い、忌憚のない意見を聞いてみました。最初にご登場願ったのは、当社の地元、三島市の溝田さんご夫妻です。

『夏のビールの量が減りましたね』～静岡県・溝田邸～

溝田邸は建坪約五十坪。ご夫婦にお子さん二人の四人家族です。室内にムクの木の香りがいっぱいのお住まいです。

――どういう理由でフィンランド住宅に決めたのでしょうか？

「もともと、この土地に建っていた家は築五十年で、歩くと揺れるくらい老朽化が進んでいました。そこにあの阪神大震災です。そろそろ地震に強くて、高断熱・高気密の家に建て替えたいと思っていた折に、南富士産業のモニターに応募したのです。そうしたところ、まさに自分たちが希望している木の香りのする住宅だったということや、二十四時間冷暖房換気システムなどがすべて組み込まれていたので、結局フィンランド住宅にすることに決めました」

——実際に住んでみていかがですか？

「夏に家でビールを飲む量が減りました。猛暑でも室内は涼しくてビールを飲みたいと思わないのですよ。外の音が聞こえないのもいいですね」とご主人。

「うちはガスを使わないオール電化住宅なので、キッチンの掃除が本当に楽です。しかも火力が弱いのではとよく言われますが、全然そんなことありません。それに、家全体が一つの部屋みたいに温度差がないので、部屋か

24時間冷暖房換気システムの溝田邸

ら部屋への移動が面倒にならないですね」と奥様。

――こだわった所はどこですか？

「収納と外観です。特に外観に関しては、営業の方にいろいろな屋根を見せてもらいました。外壁には窓枠の色もコーディネートしたところ、みなさん、外観をみて『中も見たい』とおっしゃいます」

――これから家を建てる方にアドバイスをお願いします。

「とにかく収納ですね。物は減ることはないので、これでもかというくらいつくりました。それから間取りは、やはりプロに任せてよかったと思っています」


『目の前の国道の騒音が、全くといっていいほど気になりません』～静岡県・田代邸～


田代さんご夫妻のフィンランド住宅は、欧風レストラン兼住宅です。二〇〇〇年八月にオープンしたばかりのお店ですが、いつ伺っても店内は大盛況です。

――フィンランド住宅を知ったきっかけは何でしたか？

「フィンランド住宅の展示場の近くによく買い物に行くのですが、そのついでにぶらっと入って見たのが最初でした。外観がかわいらしかったので、ついつい入ってみたくなった

欧風レストラン兼住宅の田代邸

のです」

――なぜフィンランド住宅に決める結果になったのですか？

「本当は、いったん別の在来工法の大手メーカーと契約していたのですが、こちらの営業マンが熱心に何度も足を運んでくれたので、その熱意に打たれて契約を変更したんです。普通の住宅にしていたら、こんなに目立つ色の家は建てられなかったと思いますね」

――フィンランド住宅にして、良かった点はどういうところでしょうか？

「窓が三層ガラスなので、締め切ると室内がとても静かで、店の目の前を通る国道のトラックの騒音や雨音が全くといっていいほど気になりません。それから建物を外から見た方が、中がどんな風になっているのか、一度見てみたいと言って、よく来店してくださいますね」とご主人。

「外壁の赤い色がとてもよく目立つので、お店を覚えてもらえるのが良かったです。お客様が、予約の電話のときに、道路沿いのあの赤いお家ですよね、とおっしゃって下さいます」と奥様。

――ご自宅の部分で気に入っている所はどこでしょう。

「階段の幅が一メートル二十センチと広く、吹き抜けになっているので、ゆとりの空間としてとても気に入ってます。友人にも好評です。それから、お店の部分にも木がふんだんに使われていて、暖かみがあってとても好きです」

――これから家を建てる方に、何かアドバイスはありますか？

「私の場合は、プランができたときにイメージをつかむために模型をつくりました。外壁の色なんかを決めるのに、模型に色を塗ってみて考えました。それから、家を建てると決めてから、建てるまでの間、とにかく実際の施工例をたくさん見て回りました。できるだけいろいろな例を見て、目を肥やすことが必要だと思いますね」

□フィンランド住宅のプラン例

□プラン例1

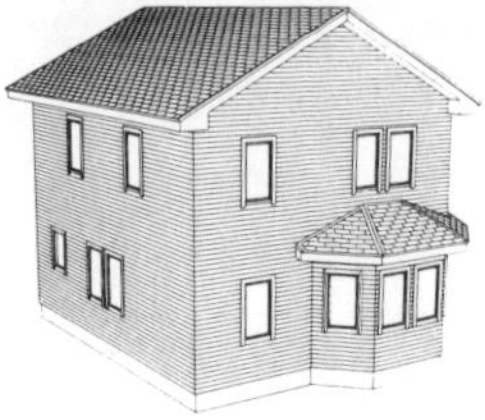

2F　56.00㎡

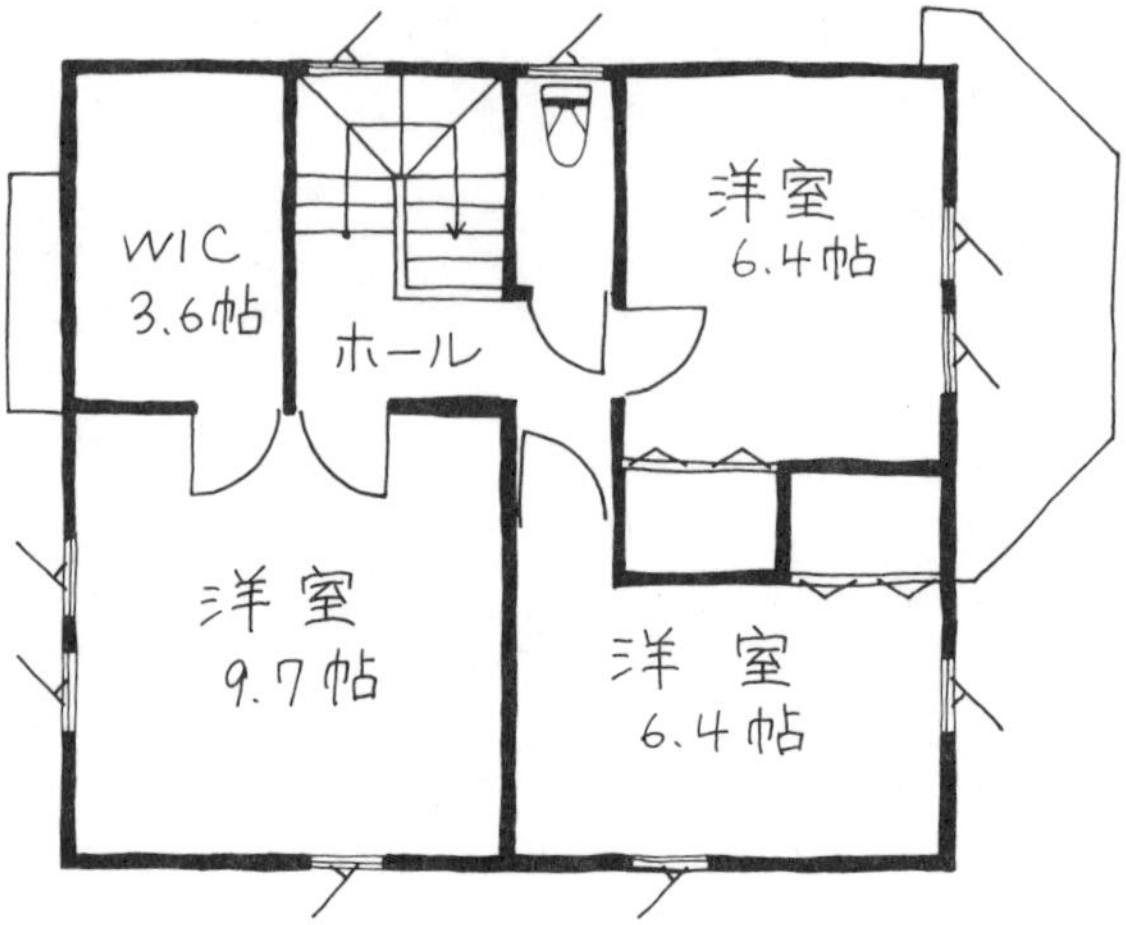

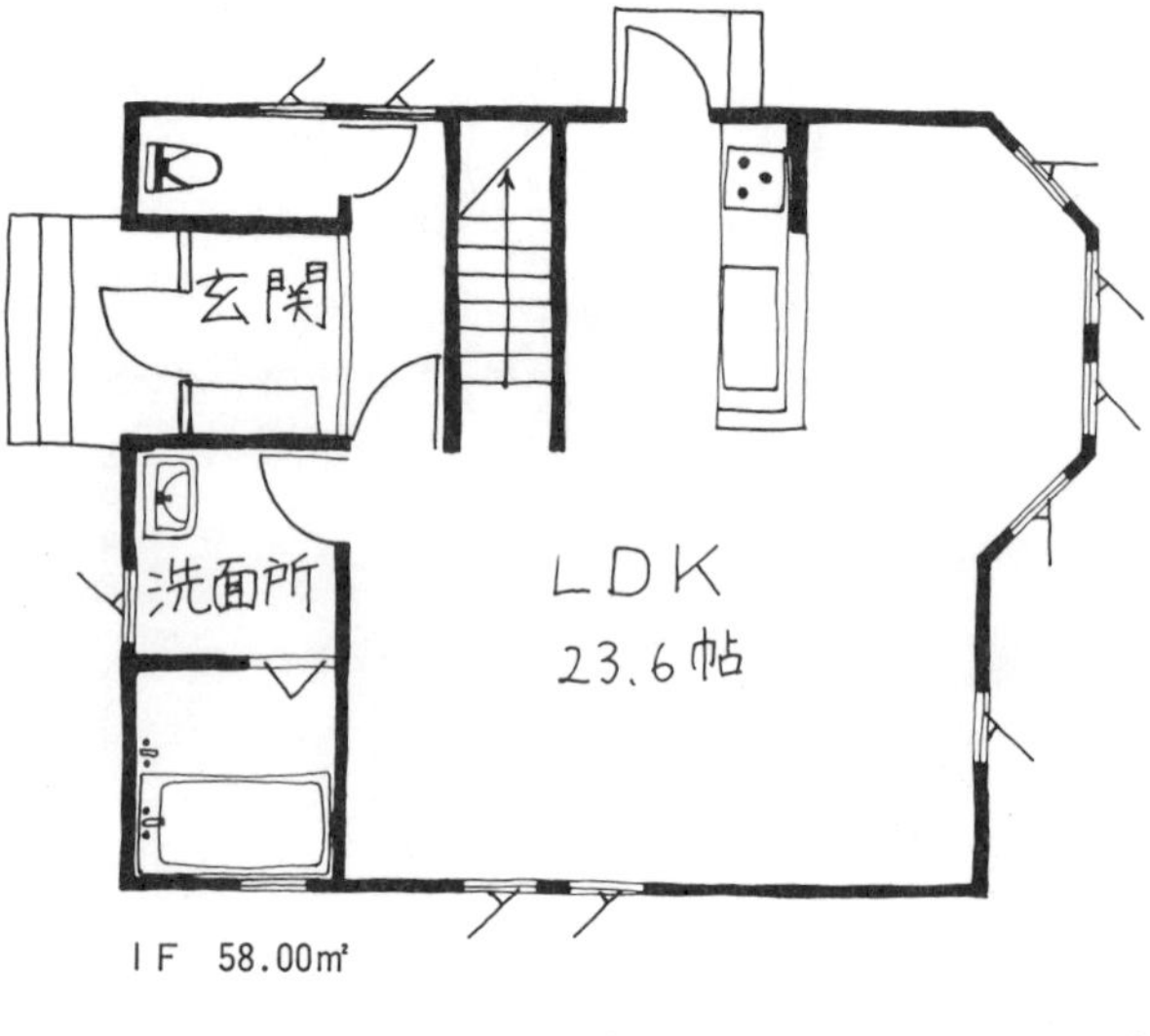

1F　58.00㎡

ロプラン例2

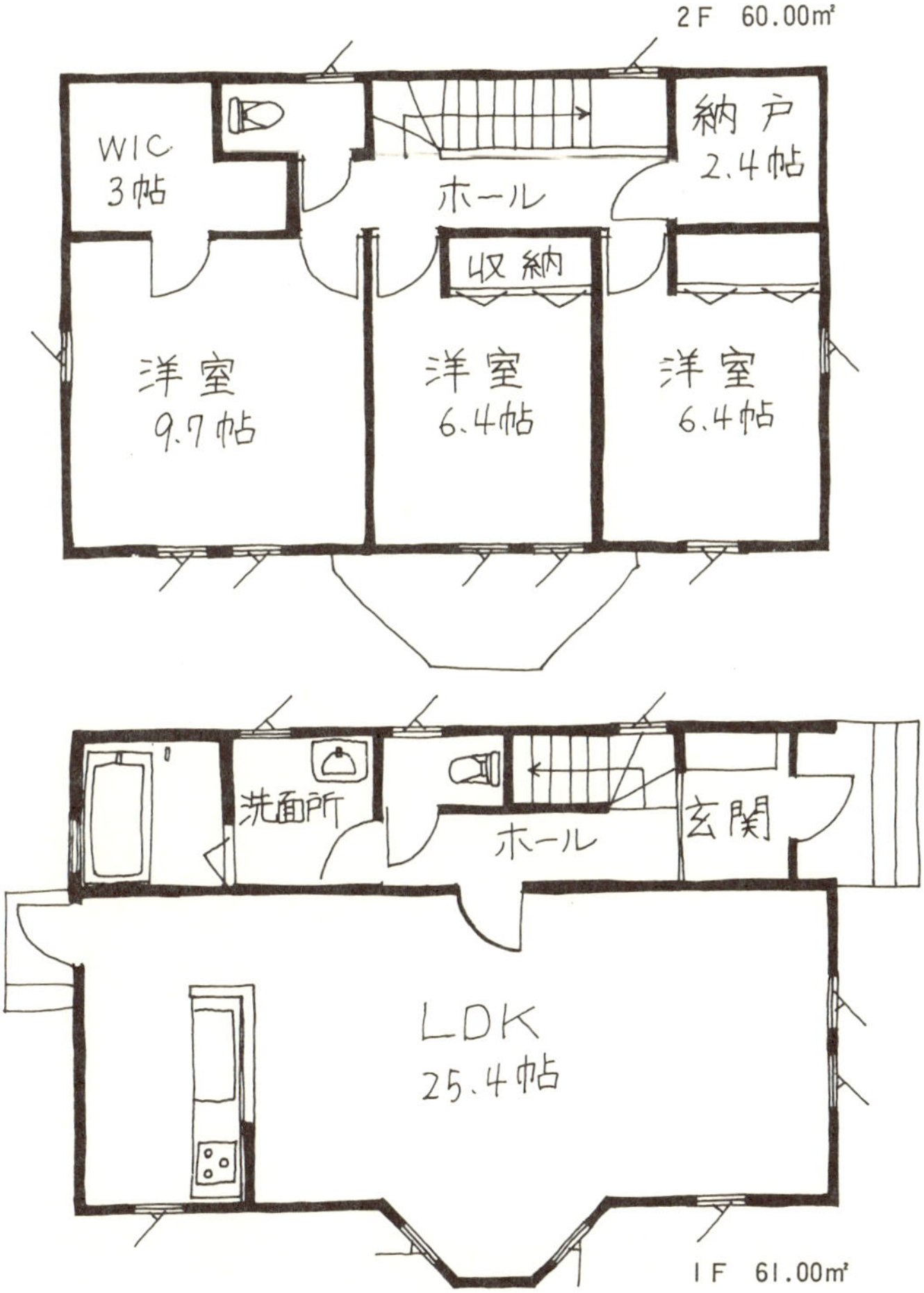

2F 60.00㎡
WIC
3帖
納戸
2.4帖
ホール
収納
洋室
9.7帖
洋室
6.4帖
洋室
6.4帖
洗面所
ホール
玄関
LDK
25.4帖
1F 61.00㎡

□プラン例3

2F　66.00㎡

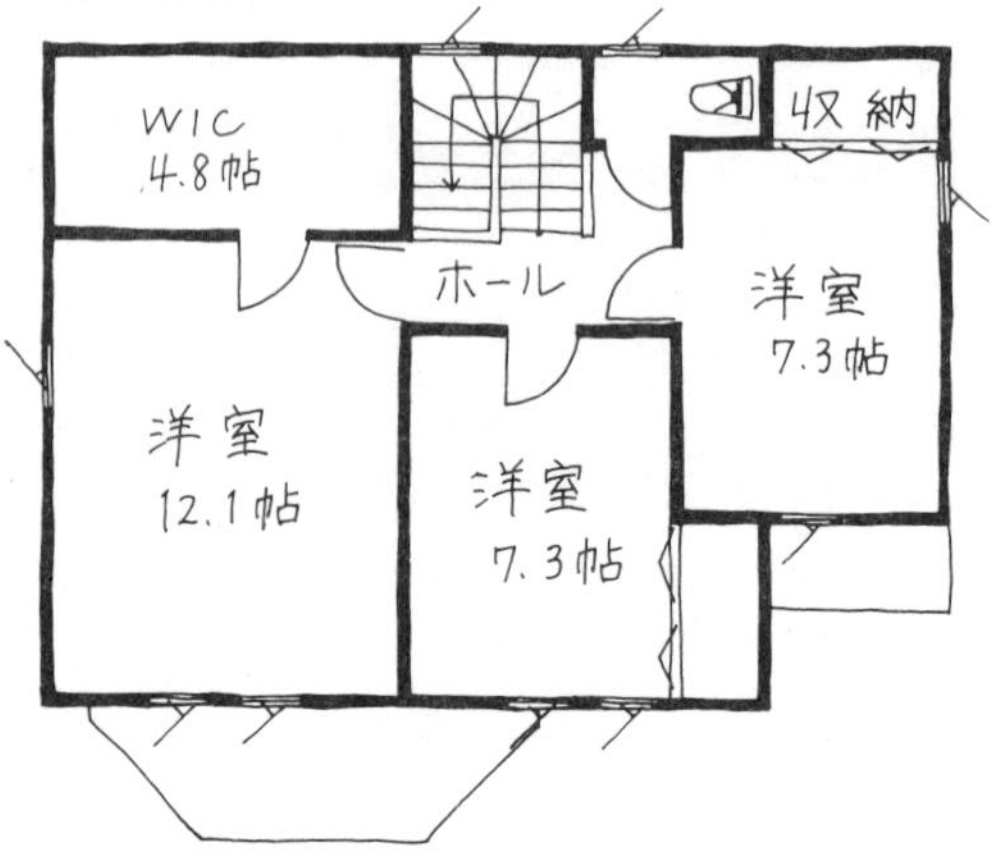

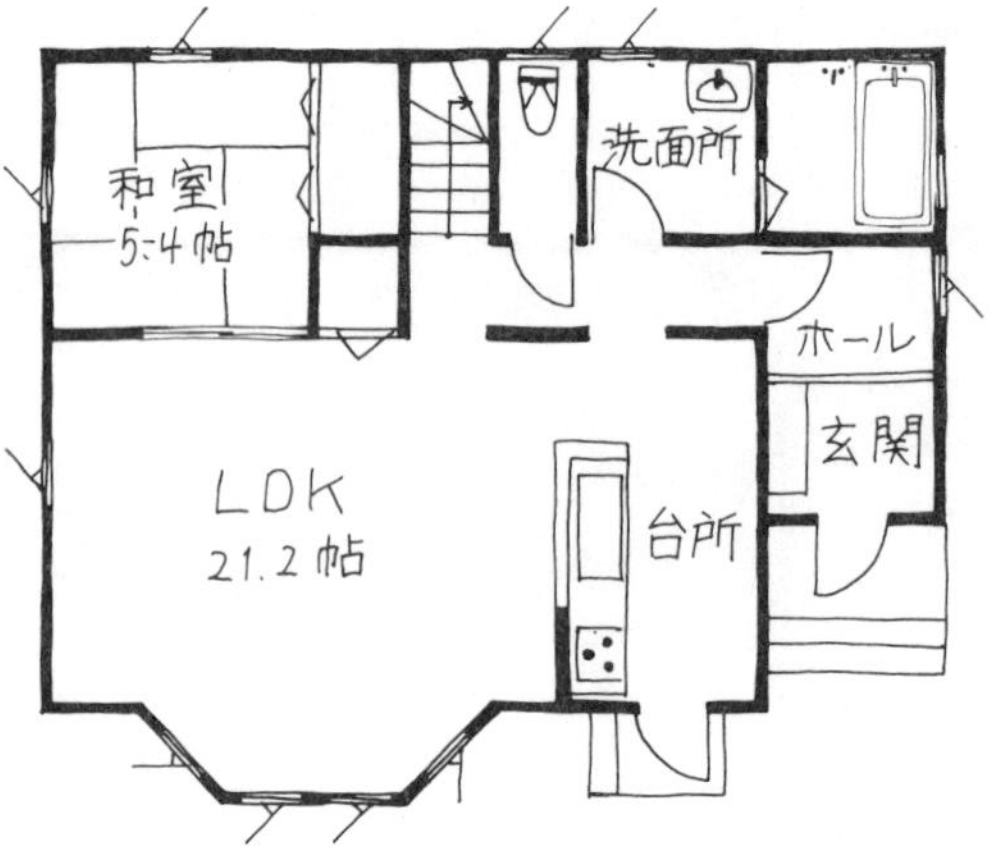

1F　69.00㎡

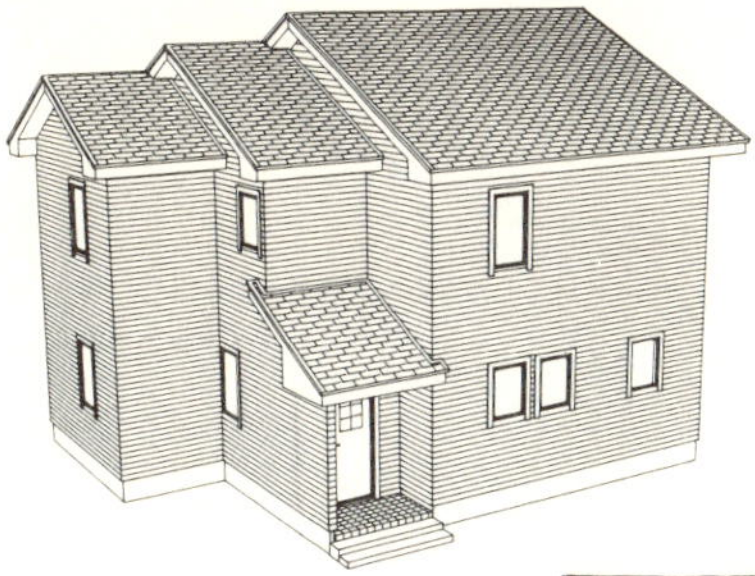

□プラン例４

2F　68.00㎡

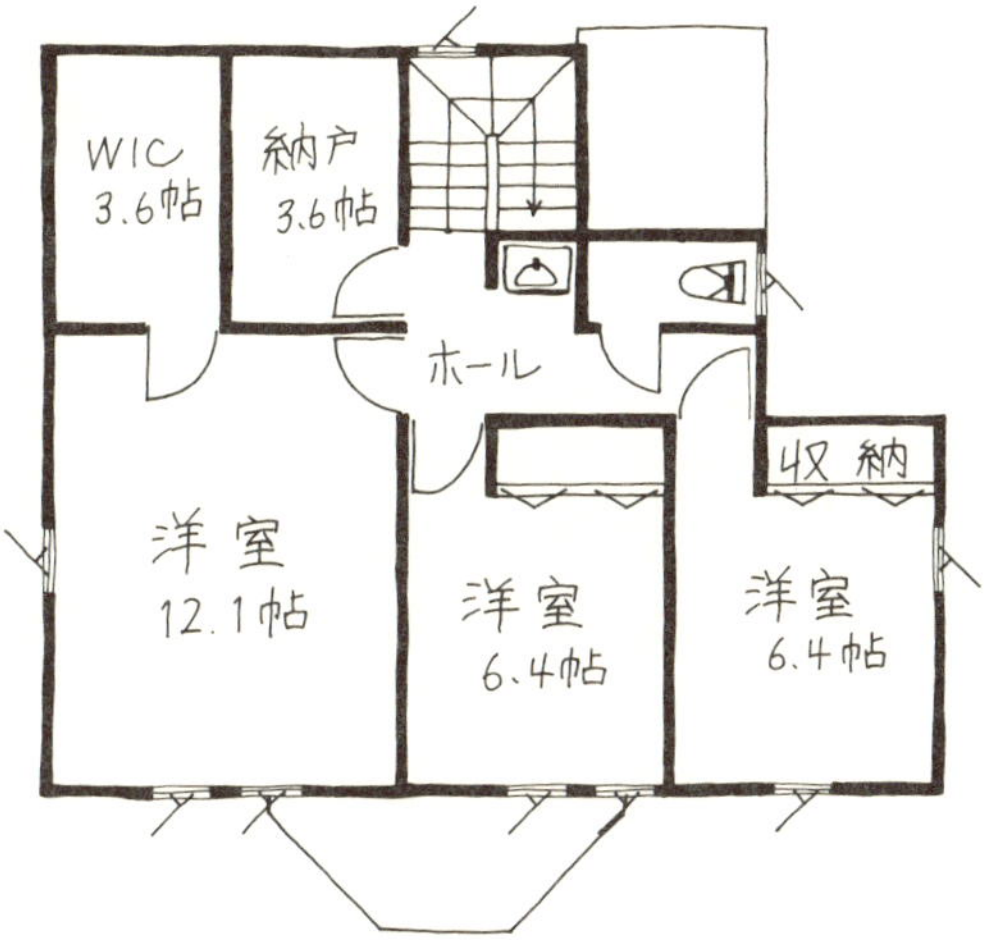

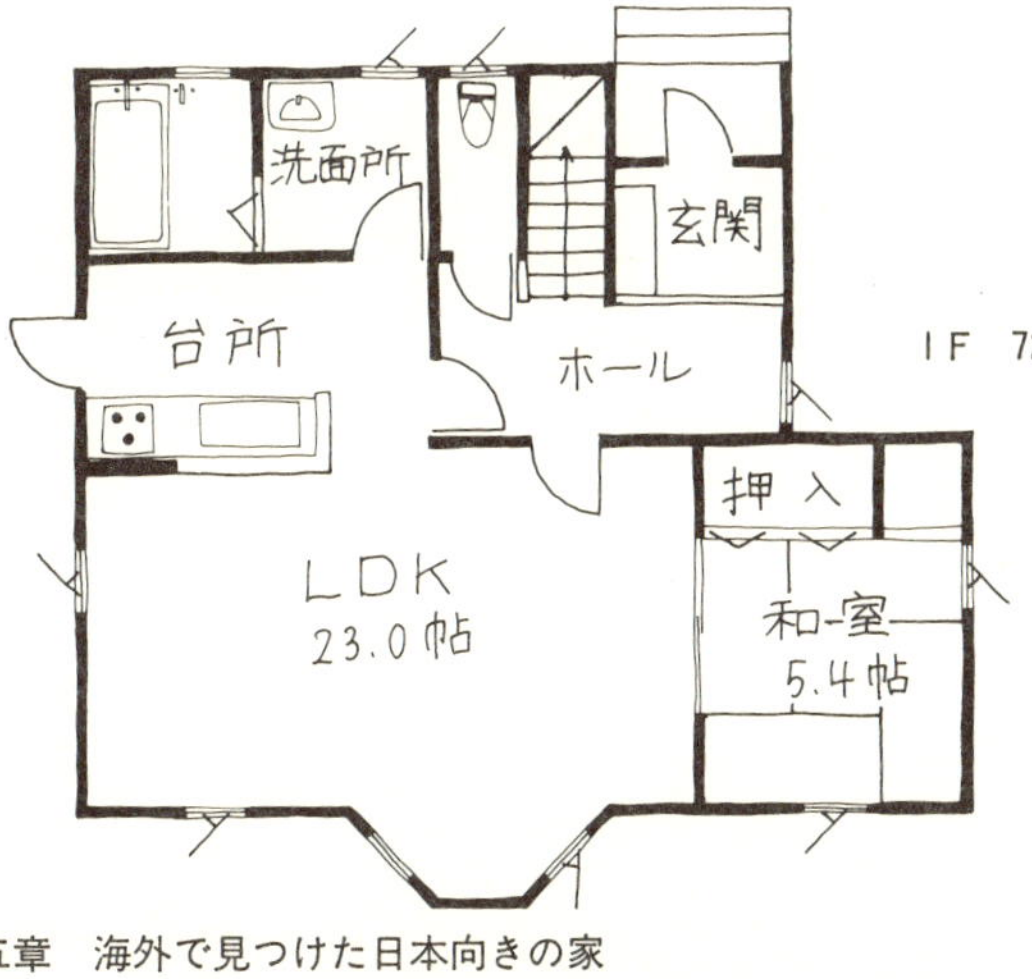

1F　72.00㎡

□プラン例5

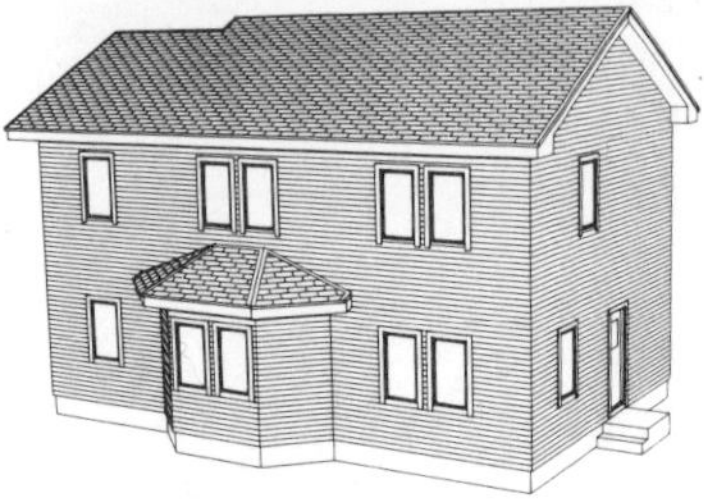

2F 74.00㎡

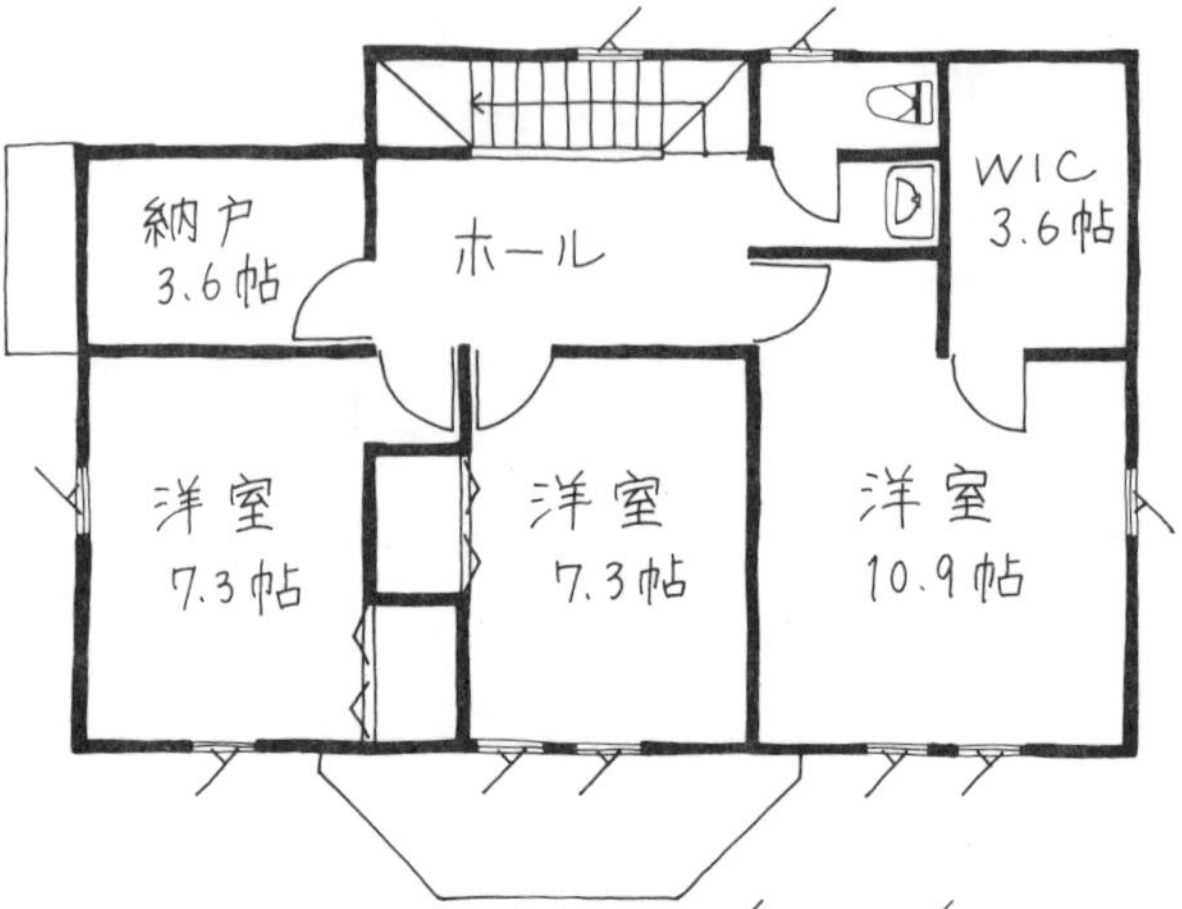

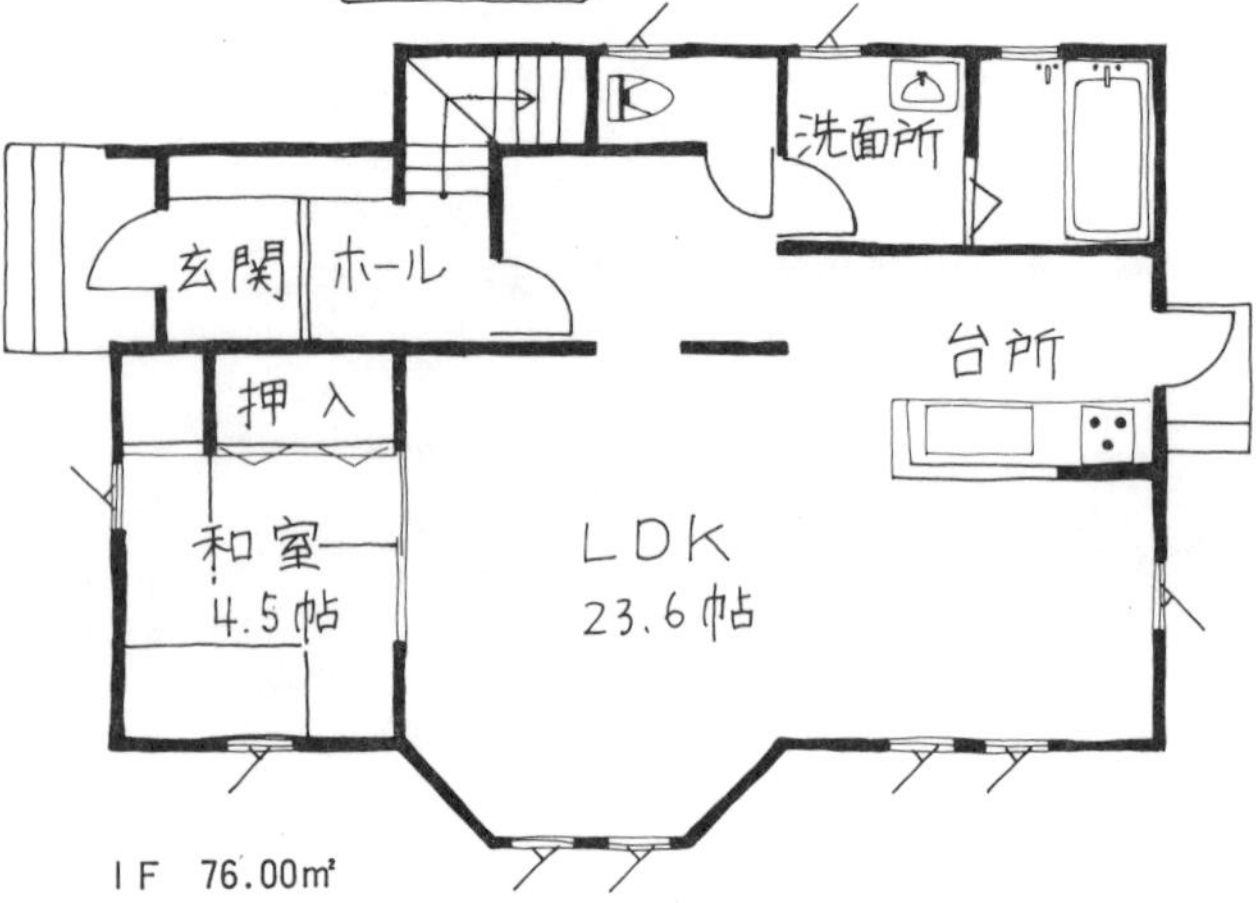

1F 76.00㎡

□モデルハウス

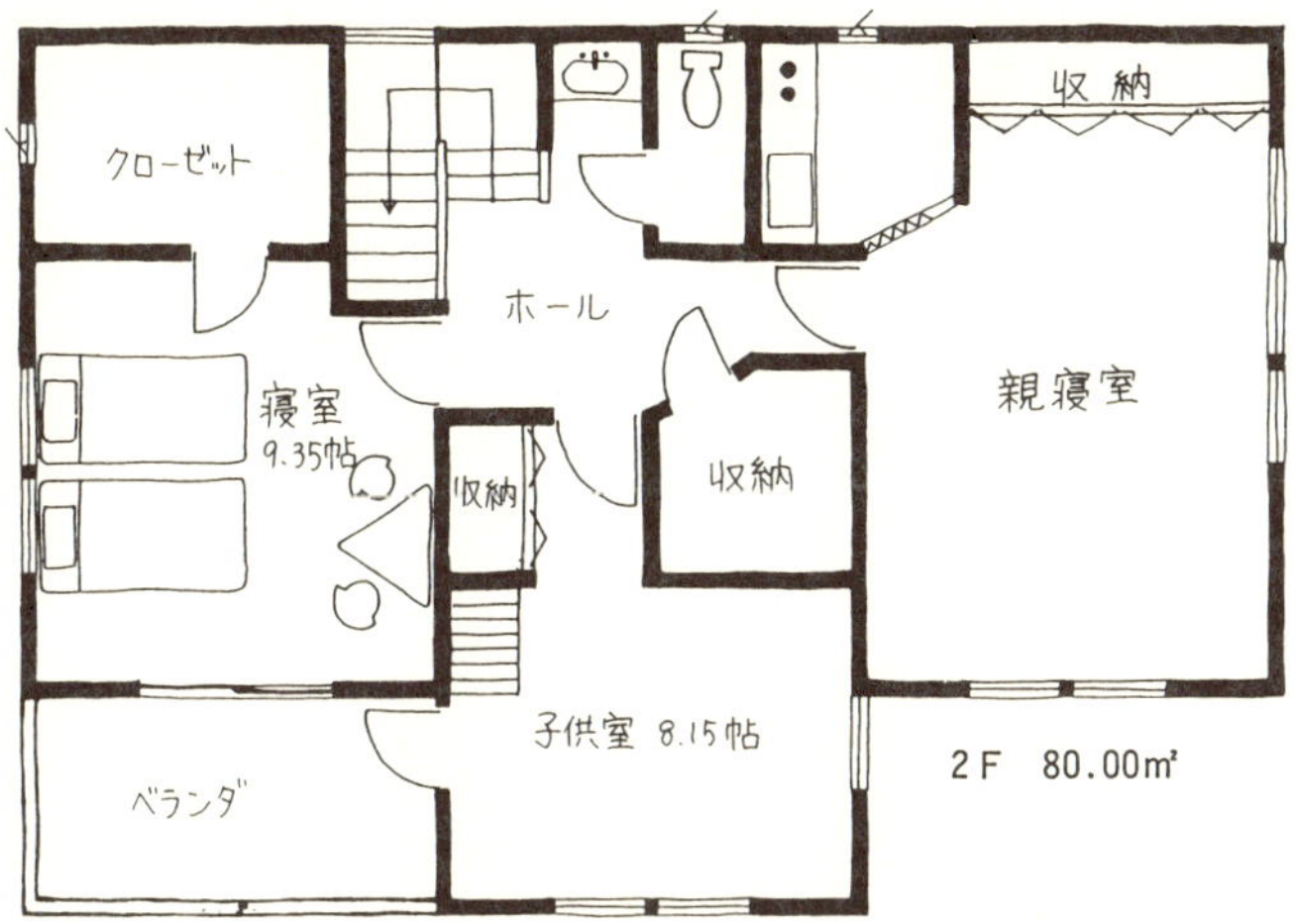
クローゼット
収納
ホール
寝室
9.35帖
親寝室
収納
収納
子供室 8.15帖
ベランダ
2F 80.00㎡

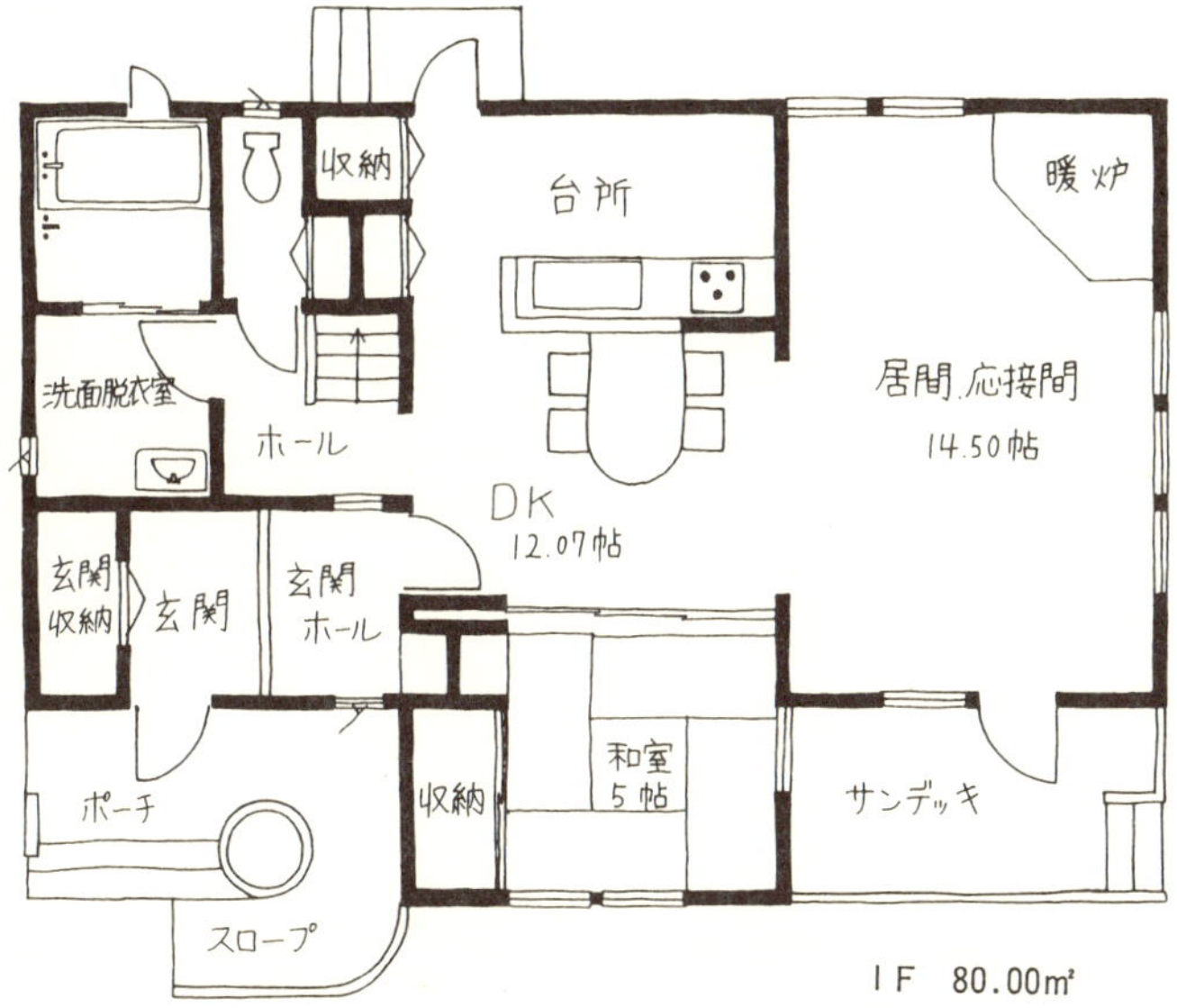
収納
台所
暖炉
洗面脱衣室
ホール
居間.応接間
14.50帖
DK
12.07帖
玄関収納
玄関
玄関ホール
和室
5帖
収納
ポーチ
サンデッキ
スロープ
1F 80.00㎡

第六章

安心して家づくりができる時代に向けて

住宅品質確保促進法制定の背景

住宅は通常、一生に一度のとても高い買い物です。しかしそれにもかかわらず、これまでは買い主にとっては全くわからないことが多く、不利な立場に立たされてしまうこともしばしばありました。

ちょっと考えてみてもわかると思います。われわれは普段、野菜を一つ買うにも、いろいろと比較して、少しでも傷みの少ない新鮮なものを買おうとします。しかし、住宅でそれができるでしょうか。建て売り住宅を買うときに、隣の家とこちらの家、どちらがいい家なのか。専門家でさえも、なかなかわかるものではありません。

鞄や洋服を買うときには、ちょっとした縫い目のほつれや、金具の不具合を見つければ、新しいものと交換してもらうでしょう。ところが住宅の場合には、どこかが壊れているということすら気付かずに見過ごしてしまうかもしれません。そして二十年以上も経過したある日、「家が傾く」などの「重い症状」が出て、初めて欠陥住宅だの、手抜き工事があったのと問題になるわけです。

世の中が、これだけ品物の品質にこだわる時代になっても、住宅というのは、いまだに、それが品質のいいものなのか、劣悪商品なのか、隣と比べてどうなのか、ほとんどわからない商品なのです。

価格にしてもそうです。よく住宅雑誌などを見ると、

「見積書はきちんとチェックするように」

などと注意がなされています。しかし、一般の人がどんなに厳密に見積書をチェックしても、せいぜい部材にダブリがないかとか、指定した製品と間違いないかということがチェックできるくらいで、その施工単価や、ましてやトータルの工事費用についてはチェックのしようがありません。

「この工事はこれだけかかります」

と言われれば、それに従うしかなすすべはないのです。

このような現象は、住宅業界の旧態依然とした体質に、すべてその原因があると思います。しかし、住宅業界もいつまでも、その中でのうのうとはしていられなくなってきました。

欠陥住宅や手抜き工事が糾弾され、一方では、ＰＬ法などの法整備も進められてきまし

た。環境問題という意識が高まる中、建材の安全性にもユーザーの意識が向けられてきています。海外からの輸入住宅が普及し始め、インターネットからは、様々な情報を得られるようになりました。そうした様々な情勢の変化の中で、『住宅品質確保促進法（以下、品確法）』は制定されたのです。

この品確法制定の趣旨は、

「住宅の品質確保の促進と、消費者が安心して住宅を取得できる市場条件、住宅にかかわる紛争の処理体制の整備を図る」

というものです。

逆に言えば、これまでは消費者は安心して住宅を取得できなかったし、紛争が起こっても、処理体制が整っていなかったという事実が、認められてしまったようなものです。

品確法は、二〇〇〇年四月一日に施行されました。つまり四月一日以降に工事請負契約や売買契約を結んだ新築住宅や新築マンションを対象に適用される法律で、次に挙げる三つの柱で構成されています。

①基本構造部分の十年間保証の義務づけ

②住宅性能表示制度

③住宅紛争処理機関の整備

基本構造部分の十年間保証とは

これまでは、住宅に何らかの欠陥が合った場合、その保証期間は契約で自由に変更できました。

ところが、品確法の制定で、すべての新築住宅の基本構造部分の保証期間は引き渡しから最低十年間とすることになりました。

それでは、この「基本構造部分」というのは、一体何なのでしょう。法律上は、「構造耐力上主要な部分」と「雨水の浸入を防止する部分」となっています。

要するに、住宅の基礎や壁、柱、土台、斜材、床、屋根、横架材などの住宅自体を支えるのに必要な部分と、屋根、外壁、開口部と雨漏りを防ぐ部分ですが、とりあえずは住宅の基盤をなす重要な構造部分とでも思っていればまず間違いはないでしょう。

また、住宅の地盤は、基本構造部分には含まれませんが、住宅の設計・施工には、その前提として地盤の状況を適切に調査した上で、その結果に応じた基礎の設計・施工を行うべき義務があるのです。そのため、もしそうした現況を考慮しない基礎を施工したために家が沈下したような場合には、これは基礎の瑕疵《かし》として、十年保証の適用を受けることができます。

性能表示制度は、家を比べる基準

これまで、住宅の性能というのは、あいまいで全くわかりませんでした。というよりも、住宅の「性能」という言葉自体が存在しなかったのです。

不動産業者や住宅メーカーに、

「あの家は、どのくらい住みやすいんですか？」

と聞いても、それを表現する基準というものが全くなかったわけです。

そこで、住宅を買う人が、住宅を比較検討できるように国が定めた基準が性能表示制度なのです。

これによると、性能を表示する基準項目は大きく分ければ全部で九項目となります。

例えば、「構造の安定に関する項目」には、さらに細かく「耐震等級」や「耐風等級」

といった項目があり、「耐震は三等級」だが「耐風は二等級」のように、一つ一つの項目に対し等級が付けられ、その数字が大きいほど、性能も高くなるという方式になっています。基準項目にどんなものがあるかは、イラストを参照してください。

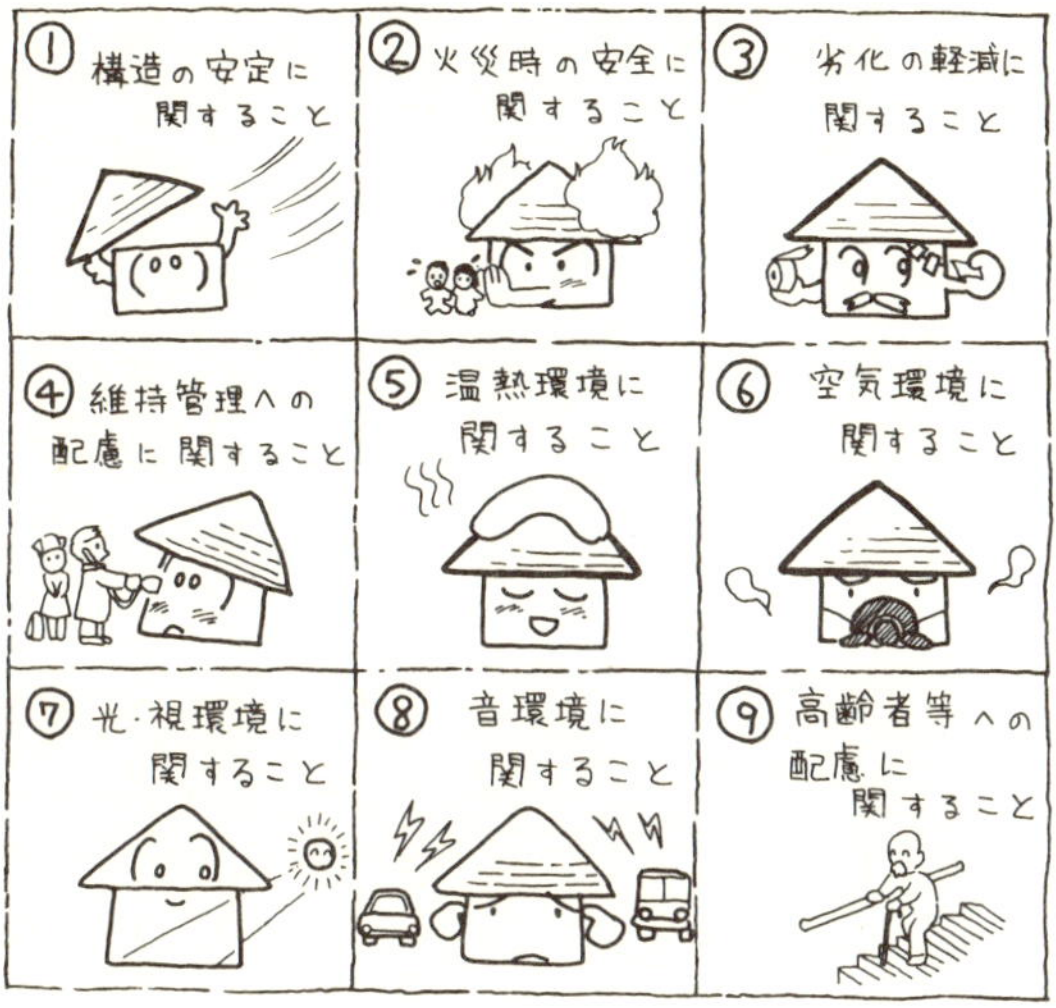

仮に、すべての項目が最低ランクになっていても、建築基準法が定める住宅としての基本性能はクリアしています。そもそも建築基準法すらクリアしない住宅は、性能評価にすら値しないということなのでしょう。

さて、もしあなたの建てる家が、そうした基準で性能表示されるとしたら、あなたはどう思いますか。やはり自分の家ですから、すべての項目で最高点を取るような高性能の家にしたいと考えるのではないでしょうか。それが人情というものでしょう。

しかし、性能表示制度で、本当に大事なこ

とは別にあります。それを理解した上で、この制度を活用しないと、制度自体が無意味になってしまうのです。

といいますのは、この性能というのは、学校の試験のように、すべて満点というわけには、いかないものだということです。例えば、構造に関する項目で、高評価を得ようとすれば、当然、壁が多くなります。そうなれば、当然、窓の開口率は低くなります。つまり、「こちらを立てればあちらは立たず」という関係になる項目が、建物の評価基準には多いのです。

それだけではありません。性能を闇雲に上げることだけに執着すれば、費用もどんどん高くなります。それが、本当に、あなたの住宅にとって必要なことなのか、考えてみた方がいいでしょう。

このように、性能表示制度において大事なことは、良い点数で高性能というお墨付きをもらうことではなく、

「あなたが、どの項目に高性能を本当に要求するのか」

を決めることなのです。それはつまり、

「そのために、どの部分は犠牲にできるか」

をはっきりさせておく、ということに他なりません。
性能表示制度で、もう一つ注意しなければならないのは、この性能表示は、すべての新築住宅について必ずなされているものではなく、あくまでも任意制度であるという点。つまりこの制度を使うも使わないも自由なのです。
売り主が「高性能をアピールして高く売ろう」と考えたり、買い主が「どんな性能なのか知りたい」と思えば、それぞれが自由に使えばいいという制度なのです。
さて、肝心の評価ですが、これは国が指定した「指定住宅性能評価機関」が担当します。そしてこの評価制度が始まれば、消費者は、次の三種類の住宅から住宅を選ぶということになるでしょう。つまり
a、指定住宅性能評価機関が評価し、建設住宅性能評価書付きの住宅（評価住宅）
b、性能評価基準に従って独自に評価し、評価書が付いていない住宅
c、その他の住宅
の三種類です。
次に説明する住宅紛争処理機関というのは、この三種類の住宅のうち、aの評価住宅だけが対象となる制度です。

住宅紛争処理機関とは

品確法では、住宅になるべく欠陥が出ないよう、十年保証を義務づけたり、性能表示制度を定めたりしていますが、それでも欠陥が発生した場合には、紛争処理の体制を整備し、その欠陥にまつわるトラブルの解決を目指そうとしています。

もし通常の裁判手続きで、施工会社や売り主と争えば、判決までに長い時間がかかるだけでなく、多額の費用もかかってしまうでしょう。そこで、先の評価住宅で発生したトラブルに限り、安いコストで短期間で紛争解決を図ろうというのがこの制度です。

「評価住宅に限って」というのは、この紛争処理体制は、評価住宅を買う人が負担する評価料の一部で運営しているからで、早い話が、評価住宅購入者の「紛争トラブル処理保険」のような役割を果たしていることが理由となっています。

紛争処理機関は、各都道府県の弁護士会に「住宅紛争審査会」という名称で設置され、評価住宅でトラブルが発生した場合には、紛争当事者のどちらか、あるいは両者の申請であっせんや調停、仲裁が受けられるという仕組みになっています。

以上の三本柱で、施行された品確法ですから、ぜひチェックして、あなたの家づくりに生かしていくべきだと思います。

工事中の倒産から施主を守る

もし、今あなたの家の工事が進められている途中で、その施工業者が倒産して工事が中止になってしまったら、どうしますか。

世の中、長引く不況で、こういう事態が起こらないとは言い切れません。工事を引き継いでもらう業者を探しますか。前払い金は戻ってくるのでしょうか。引き継ぐ業者が見つかったとしても、そこに支払う工事費用も新たに発生することでしょう。いずれにせよ、大きな負担や損害、精神的苦痛、時間の無駄が購入者の身に襲いかかることは間違いありません。

そこで、そうした事態に、損害を最小限に食い止め、無事に家を完成させるために誕生したのが、住宅完成保証制度です。

当社でも、八角形住宅を選んだ方には、当社独自の完成保証制度を適用しております。

すなわち、全国の八角形住宅のフランチャイズ店グループで引き継ぎ工事をし、最後まで家を完成させるという保証です。

施工業者を選ぶ際には、この種の完成保証制度を持っているかどうかも、これからは一つの目安となっていくことでしょう。

環境との共生が家づくりのテーマに

地球環境にやさしい生活を心がけることは、地球に生きる者すべての義務だと思います。そして実際、多くの方々や企業などがそのような意識を持ち始め、アクションを起こし始めているというのは、本当に喜ばしい限りです。

つい最近のニュースでも、東京都が首都高を走るディーゼルエンジンのトラックには、特別に税金を課すとか、産業廃棄物を大量に生み出すパチンコ店には、新台導入に当たり税金を課すなどの方針を打ち出しました。その是非はともかく、行政も重い腰を上げ始めたのです。

自動車メーカーは、この先、ガソリンエンジンから電気を併用したハイブリッドへ、そして電気だけの自動車へと移行していくことでしょう。

各種工場などは、なるべくゴミを出さないというゼロエミッションに向けて、具体的な取り組みを開始しています。

こうした地球人としての義務は、これから住宅を建てる方にとっても逃れることはできないでしょう。というよりも、せっかく自分の家を、そして夢をつくるのだから、この機会に少しでも地球環境のことを意識し、あなたなりのアクションを起こすタイミングとしてほしいのです。

さて、この数年で環境を考慮した住宅、いわゆる環境共生住宅というものが、随分と関心を集め、国としても住宅金融公庫の割増融資を出すなど、その普及に力を入れ始めました。また、住宅そのものだけでなく、そこで使う様々な「エコ設備」も開発されてきております。一体どんなものがあるのでしょうか。

まずは、高耐久性木造住宅です。これは、基礎の施工方法や柱などの規格を定めて、簡単に言えば「丈夫で長持ちする家」をつくろうというものです。このような住宅をつくれば、建て替えのサイクルが長くなるので、樹木の消費も少なくなり、また家の廃材も長期間ださずに済むわけです。

高断熱・高気密の家も環境共生住宅と呼べるでしょう。暖房や冷房の効率が良くなるので、ガスや電気、灯油などの燃料の消費量を減らすことができます。いわば省エネ住宅というわけです。電気の消費量が減れば、発電量が減り、その結果、火力発電所や原子力発電所での化石燃料の消費量が少なくなります。高断熱・高気密住宅は、地球温暖化に影響する二酸化炭素の排出を抑える住宅であると言えるでしょう。

二酸化炭素の排出を抑えるということでは、ソーラー発電など自然のエネルギーを活用する住宅というのも環境共生型と言えます。発電だけでなく、太陽熱をうまく蓄熱して、暖房に使うといったシステムも実用化されています。風力発電もあります。こうした自然エネルギーを活用する住宅は、今後も開発されていくでしょう。

水資源の消費削減というのも環境共生の重要なテーマです。雨水を再利用するシステムもすでに登場し始めているようです。

廃棄物のリサイクルも忘れてはいけないテーマです。生ゴミをコンポストや生ゴミディスポーザーに捨てて、堆肥として地球に返す。それがまた緑を生む力となる。緑は、土地に水を留め、空気をきれいにし、都市部の気温を下げる働きもします。緑は快適な街づくりにも欠かせないのです。

住宅の建材や様々な素材も、自然に返すことができるリサイクルの素材が増えてきました。有機溶剤を使わない自然素材の塗料、接着剤を使わない建材など、化学物質を少しでも使わないように家をつくるという意識も高まってきています。

地球環境やエネルギー資源、そして暮らしやすい街の実現という大きなテーマだけでなくとも、例えば、住宅の質を上げて、高齢者にも快適な住環境を普及させるということも、広い意味では、環境共生といえるでしょう。

バリアフリーという発想は、日本の住宅の質を向上させ、誰にとっても優しい住宅環境を提供する原動力になるものと私は信じております。

家を建てる人がみな、このような環境意識を持つようになれば、これから先、地球環境はずい分改善されていくことでしょう。

二十世紀の世紀末から、日本の住宅業界は、激動を続けてきました。そしてやっと今、住宅というものが、消費者にとってわかりやすく、安心して手に入れられる状況になりつつあるのです。

法が整備され、保険制度も生まれました。ＩＴ革命で、情報はより豊富に、より早く手に入れることができるようになるでしょう。住宅産業も、これからはお客様が納得し、満足できるサービス体制でなければ、生き残れなくなっていくことでしょう。

自由な発想に任せて、あなたの夢を実現する家づくりには、本当にいい時代になってきたように思えます。

ただ一つ、あなたの自由を束縛するものがあるとすれば、それは、あなたの次の世代、そしてそのまた次の世代も、自由に自分の家づくりを考えることができる世の中を残していくという意識ではないでしょうか。

環境と調和する家づくりを楽しむために、本書が少しでも、あなたのお役に立てば、これ以上の幸せはありません。

●本書についてのお問い合わせは、
下記にお願い致します。

〒411-0045
静岡県三島市萩 65-1
☎055-988-8810
フリーダイヤル　0120-889178
E-mail info@mfsg.co.jp
http://www.8kaku.com
http://www.finland-house.com
http://www.mfsg.co.jp

著者プロフィール

杉山定久（すぎやま　さだひさ）

昭和18（1943）年、静岡県裾野市生まれ。昭和41年、東洋大学経済学部を卒業後、杉山製材に入社。それまでの製材業から住宅分野へも進出し、昭和55年、南富士産業㈱社長に就任

昭和59年、八角形住宅の特許を取得し、全国グループ展開中

平成４年、日中合弁会社を設立し社長に就任、中国武漢大学客員教授を兼任。中国茶や北欧家具の開発、輸入なども手がけるほか、「屋根・外壁職人養成学校」を無料で開校するなど、ユニークな試みで話題となる

著書に『住宅革命』（KKベストブック）、『人間、仕事で遊べたら最高だ』（イーストプレス）など、多数

夢づくり、家づくり

2001年３月15日　初版第１刷発行
2004年５月20日　初版第２刷発行

著　者　杉山 定久
発行者　瓜谷 綱延
発行所　株式会社文芸社
〒160-0022　東京都新宿区新宿１－10－１
電話　03-5369-3060（編集）
03-5369-2299（販売）

印刷所　東洋経済印刷株式会社

ISBN4-8355-1790-3 C0095